怎样和班主任有效沟通

随时翻 不用慌 方法多 话术广

张 霞◎著

航空工业出版社
北 京

前言

家庭和学校是孩子成长的两大主要环境，它们既各自承担着不同的教育职责，又彼此之间相互影响，称得上是相辅相成。这也使得家校沟通逐渐成了孩子成长过程中不可或缺的一环。因此，家长只有与孩子的班主任建立良好的沟通，才更容易形成教育的合力。

家长若想在家校沟通中快速与班主任建立信任、通力合作，就要懂得“六会”，即会交流、会配合、会提问、会反馈、会求助、会道歉。

在班主任家访时，家长要会交流。家访是一个交换信息的过程，班主任会向家长反映学校的基本情况以及孩子的在校表现，家长也需要借此机会向班主任分享孩子在家的生活状态。在这些信息的相互交换之下，双方能够更全面地了解孩子。

在参加家长会时，家长要会配合。在家长会中，家长不只是听众，还是重要参与者。当班主任邀请家长登台发言，或者针对学校和班主任提建议时，家长不要立马推辞，而是要积极地表达合作意愿，表达对学校教育工作的信任和支持。

在向班主任了解孩子情况时，家长要会提问。孩子都是家长的“心头肉”，在察觉或得知孩子在学校受了委屈后，家长们总是免不了心疼，情绪也会随之变得激动。但是，家长在向班主任了解情况时，要避免情绪化，以成熟和理性的态度与之沟通，以免将“了解情况”直接变成问责和埋怨。

当自己有想法或意见时，家长要会反馈。家长的建议或意见通常都是出于对孩子健康成长、全面发展的考虑，应当以一种积极、有建设性的方式提出，避免采取指手画脚的态度。这样既能体现家长对学校工作的认可和支持，又诚恳地提出了自己的建议和意见，将有助于促进家校之间的和谐沟通与有效合作。

当想要请班主任帮忙时，家长要会求助。在提出请求时家长要考虑班主任的难处，不可将对方的帮助视为理所应当。在班主任提供帮助或给出解释后，家长要保持开放的心态，即使对方与自己的想法有所不同，也要尊重班主任的专业判断和选择。不管班主任的帮助结果如何，家长都不要忘了及时表达感谢之情。

在孩子闯祸时，家长要会道歉。孩子在青春期前后，正是活泼好动的年纪，他们精力旺盛、好奇心强，难免会在学校中闯祸。当家长接到班主任的“告状”时，需要第一时间向班主任道歉，毕竟由于孩子的胡闹增加了班主任额外的工作，而家长这种态度，是对班主任应有的礼节和尊重，同时也会给班主任留下明事理的印象。

本书从家访、被告状、家长会、打听孩子情况等诸多生活场景入手，旨在指导学生及家长如何有效地与班主任建立沟通桥梁。书中详细讲解了与班主任的沟通技巧及话术，内容十分接地气，既有启发性又有操作性，让家长和班主任的每一次交流都充满价值，实现家校共育的最佳效果，为孩子营造良好的成长环境。

目录 CONTENTS

目录 CONTENTS

目 录 CONTENTS

Part 1

为什么要和班主任保持沟通

与班主任保持沟通能更好地了解孩子的在校情况，包括孩子的学习进度、成绩波动、人际交往等。这有利于及时为孩子提供必要的支持，从而帮助孩子更好地适应学校生活。

家长为什么害怕与班主任沟通

情景再现

家长和老师可谓孩子一生中最重要的两个引导者，双方之间建立紧密、有效的沟通，能确保孩子在成长过程中得到良好的教育和关怀。然而，如今的一些家长却非常害怕与班主任沟通，不仅缺乏主动，甚至还经常以工作为借口回避沟通。

场景回放

不知道从什么时候开始，小海的成绩开始出现下滑，小海的妈妈非常担心孩子是不是遇到了什么困难，可一番询问下来，并没有得到有用的信息，因此，她觉得这件事有必要与小海的班主任沟通一下。

张老师您好，我有件事想和您沟通一下……

小海妈妈担心麻烦老师，感觉不妥，删除了对话框中的文字。

我家小海最近成绩下降厉害，请问……

小海妈妈又觉得这样不够礼貌，再次删除文字。

场景回放

张老师，张老师您好，小海最近在学校表现怎么样？他的成绩怎么下降这么厉害……

一段话删删减减，小海妈妈始终不满意，纠结一番后选择不了了之。

家长对孩子的班主任心存敬畏是一件好事，但也不必心怀恐惧，毕竟家校沟通是班主任的工作内容之一，而且对方也并没有家长们想象的那般不好相处。

家长害怕班主任的普遍原因

家长们害怕与班主任沟通的原因主要集中在“自身感受”上。当自家孩子在学校调皮捣蛋，或者学习成绩太差时，家长与孩子班主任沟通，必定绕不开这些问题。一些自尊心强、好面子的家长，在听到班主任数落孩子“不争气”的行为时，会感觉自己脸上无光，因为这些问题也从侧面反映了家长对自家孩子缺乏关注和管教。而在一些内心敏感的家长眼中，班主任在沟通中提到这些问题，就像是在批评或埋怨自己。基于自身的感受，这些家长就会越来越害怕与班主任沟通。

还有一种害怕或担忧是围绕“班主任的感受”展开的，其核心是担心自己的某些言辞会引起班主任的反感，影响自家孩子在班主任心中的印象。

此外，一般情况下，家长们的“害怕”还源自各种顾虑。比如，一些家长渴望与班主任沟通，多了解一些孩子的在校情况，但考虑到班主任平时工作繁忙，害怕打扰到对方；或者家长对班主任的教学和管理有一些建议，例如换座位的问题，他们提出建议的初衷是让孩子有更好的发展，但考虑到班主任管理着很多孩子，而自己的要求又存在特殊性，因此担心给班主任添麻烦，甚至给班主任留下矫情、无理取闹的印象。

家校沟通的意义

其实，家长们大可不必为此苦恼，家校沟通的意义就在于双方就孩子的教育目标、方法、内容等进行深入交流，达成共识，减少因教育理念差异而产生的冲突，使家庭教育和学校教育相辅相成，形成强大的教育合力。这种双向、动态的沟通机制，不仅有助于形成家校共育的良好氛围，也为孩子提供了一个更加和谐、全面的成长环境。

当然，为了进一步消除内心的恐惧，家长在与班主任沟通时，可以尝试使用以下话术。

话术建议

1. 当担心打扰老师时

“张老师，您好，我是小海的妈妈，请问您现在方便吗？”

“老师您好，请问您下班有时间吗？我有些事情想和您沟通。”

如果家长担心打扰到老师，可以在与班主任沟通之前询问对方是否有空，无论对方如何回复，家长心里都会有一个底。

2. 言之有物，不说废话

“张老师您好，我今天回家看到小明手上有一块瘀青，听小明说他被同学欺负了，我担心孩子太小，表述不是很清楚，所以想请您帮忙了解一下情况。”

“张老师您好，听说最近学校组织了春游活动，我想问一问您我们要给孩子准备些什么东西，需要注意什么问题。”

在开始前，家长先明确自己沟通的主要目的或期望达成的结果。这有助于在沟通过程中保持焦点，避免偏离主题，同时也能降低自己的恐惧。

家长什么时候需要和班主任沟通

情景再现

生活中，一些家长由于各种各样的原因会刻意减少与班主任的主动联系，但这对于孩子的成长发展是极为不利的。即使家长内心抵触与班主任沟通，也要懂得在哪些时候自己应该主动且必须主动。

场景回放

一天晚上，安宁的妈妈突然接到班主任的电话。见到来电显示的那一刻，安宁的妈妈心中一惊，立刻接通电话。

安宁妈妈您好，这次我打电话来是想和您聊一下安宁在学校的一些情况。

妈妈小心翼翼地问道：

安宁又惹祸了？

那倒没有，她最近一段时间进步很大，但有一些细节我想和您沟通一下……

场景回放

听着班主任的话，妈妈连连点头，表示自己一定会让安宁注意。突然，班主任话锋一转。

记得咱们最近一次打电话是在半年前，转眼就过了这么久。

安宁的妈妈有些不好意思，回答说：

您也知道我工作太忙了，平时实在腾不出时间。

我没有责怪您的意思。我是想说，作为班主任，我肯定希望和各位家长多沟通，但因为班上孩子很多，我可能无法一一照顾到。所以如果以后您有什么想法，或者想要了解的，尽管和我联系，不要有什么负担。

好好好，我以后会多关注孩子的情况，也会尽量多和您沟通。

家长与班主任沟通的时机选择

尽管家长与班主任进行沟通有助于建立良好的家校关系，但沟通时机的选择非常重要，绝非沟通越频繁越好，要视具体的情况而定。比如，孩子生病、受伤、情绪波动较大等特殊情况，家长与班主任之间频繁进行沟通是有必要的，能够确保孩子的需求得到及时解决，问题得到妥善处理。但是仅仅为了了解孩子的学习和表现，顺便联络与班主任的感情的沟通，家长一定要把握好频率，以免给班主任带来困扰，打扰班主任的正常工作，影响其对其他学生的关注和管理。另外，如果家长总是与班主任沟通一些琐碎的小事以及重复的信息，就会大大降低双方沟通的效率，使得真正重要的问题得不到及时解决。

因此，家长在主动联系班主任之前，应明确自己的沟通目的，确保沟通内容具有针对性和有效性，选择合适的沟通时机。

第一，孩子出现明显变化时即时反馈。

当家长注意到孩子在家中的行为、情绪或学习习惯有明显变化时，可以即时与班主任沟通，了解孩子在学校是否也有类似表现，并与班主任共同探讨可能的原因和解决方案。

第二，重要事件或活动前后。

在学校即将举行重要考试、活动或项目之前，家长可以与班主任沟通，了解孩子的准备情况，给予支持和鼓励；活动结束后，也可以询问孩子的参与情况和表现，分享彼此的反馈。

第三，孩子遇到困难或挑战时。

当孩子在学习、社交或情感方面遇到困难或挑战时，家长应及时与班主任沟通，共同寻找解决办法，给予孩子必要的支持和帮助。

话术建议

1. 开学前

“新学期要开始了，咱们班级这边有什么变化吗？教室位置变没变？任课老师有调整吗？”

“上个学期，孩子的学习表现不是太好，新学期我们需要给孩子提供哪些特别的辅导和支持？”

“学校有没有新的活动或课程？特别是与动手能力相关的，孩子在这方面很有兴趣。”

新学期开学之前，家长需要主动联系班主任，话题可以主要集中在“变化”上，比如学校的变化、班级的变化、课程的变化、孩子的变化等。既让家长更好地了解孩子目前所处的教育环境，也让班主任进一步熟悉孩子。

2. 考试前

“马上就要考试了，您觉得现在孩子的学习状态怎么样？有没有需要我们特别注意的地方？”

“孩子之前在考试中失误很多，我担心他还会犯同样的错误，您对此有什么建议吗？”

“我发现孩子这几天比较焦虑，可能是快考试了，您觉得我该如何帮孩子调整一下心态？”

考试是学校检验孩子学习成果的一种方式，家长可以在考试前与班主任进行一次沟通，围绕孩子的学习状态、待考心态、应试技巧等方面展开讨论。

微信沟通还是面对面沟通

情景再现

随着科技的发展，人与人之间的沟通越来越便利。越来越多的家长开始使用微信等即时通信工具和班主任沟通，然而，传统的面对面沟通方式依然拥有其不可替代的魅力。对于家长而言，如何选择则是仁者见仁，智者见智的问题。

微信等通信工具沟通的优势和弊端

微信、QQ、钉钉等即时通信工具，具有高度的实时性，家长可以随时随地与班主任取得联系，及时了解孩子的在校情况，包括学习表现、行为习惯、心理健康等。这种即时的沟通方式有助于家长及时发现问题并采取措施，促进孩子的健康成长。

同时，微信等即时通信工具支持文字、语音、图片、视频等多种形式的沟通，家长可以通过这些方式更直观地了解孩子在校情况，比如孩子的课堂照片、作业情况、活动视频等。

此外，微信聊天记录自动保存，家长可以随时翻阅之前的沟通内容，清晰了解孩子的成长轨迹及教育问题的解决方案。这对于追踪孩子的学习进度、解决反复出现的问题大有裨益。

但是，家长与班主任用微信沟通存在一个很大的弊端，在某些情况下反而会大大降低沟通效果。比如，家长或班主任的沟通技巧不足，仅用文字很可能无法完全准确表达自己的意思，导致沟通出现误解或偏差。而且，在双方互不见面的情况下，对于孩子的问题，双方都会先入为主，这样就很容易产生矛盾。

面对面沟通的优势和弊端

家长与班主任面对面沟通时，能够即时获取对方的反馈的信息，也能通过观察对方的面部表情来更准确地理解对方的意图和情感。这种即时性有助于减少误解和歧义，提高沟通效率。而且，双方还可以通过肢体语言、面部表情、声音语调等非语言信息来传递和接收信息。这些非语言信息往往比语言更加真实和丰富，有助于加深双方的理解和信任。

相较于冰冷的文字，面对面沟通有助于双方建立更加紧密和深入的人际关系。通过面对面的交流和互动，双方可以更加直观地感受到对方的情感和态度，从而增进彼此之间的了解和信任。这种情感的交流是任何技术手段都无法完全替代的，它为孩子营造一个更加和谐的学习环境提供了重要保障。

不过，面对面沟通最大的问题在于时间和空间的限制。家长和班主任想要沟通，必须约定好具体的时间和地点，因此会受到各种因素的限制，如距离、时间冲突等。这些限制可能会导致沟通不便，甚至无法进行。

同时，内心比较敏感的家长在面对面交流时会感到很大的心理压力，他们可能会担心自己的言行举止是否符合对方的期望。这种担忧在一定程度上会影响到沟通的效果。

两种沟通方式有利有弊，在实际操作中，家长应根据具体情况灵活选择沟通方式。比如，对于日常性的询问、简单的问题反馈，微信沟通无疑是高效便捷的选择；而对于需要深入探讨、情感交流或解决复杂问题的场合，则更适合采用面对面沟通的方式。

此外，家长还要注意与老师保持良好的沟通习惯，尊重彼此的时间和空间，合理安排沟通时间，确保每一次沟通都能达到最佳效果。如果家长在与班主任沟通时，不知道该说些什么，可以参考以下话术。

话术建议

1. 询问

"老师，我家孩子最近在学习上有哪些进步或需要改进的地方吗？"

"孩子在学校的纪律表现怎么样？有没有遵守学校的规章制度？"

"他与同学相处得如何？有没有交到新的朋友？"

询问孩子的在校情况，是家长与班主任沟通中最常见的沟通话题，它可以帮助家长们更多地了解自家孩子，也可以从班主任的视角发现自家孩子的另一面。

2. 分享

"我家孩子现在特别有责任感，不仅会主动帮我做家务，照顾弟弟妹妹，还经常问他爸爸累不累，越来越像个大人了。"

"他的性子也不知道随谁，太活泼了，特别愿意交朋友，大人、孩子来者不拒，有时候看着他和别人搭话，我都不好意思了。"

"我家孩子的好奇心太强了，那天看完了关于火箭的节目，自己非要想着去造火箭，一顿折腾。"

家长分享孩子的日常生活细节，能够帮助班主任更全面地了解孩子的个性、兴趣、习惯以及家庭环境等。这种深入的了解有助于建立家校之间的信任关系，使班主任更加关注孩子的成长，并根据孩子的实际情况进行有针对性的教育和指导。而且这也是班主任最喜欢的话题之一。

3. 探讨

"我发现孩子的英语成绩越来越差了，我打算给他报一个补习班，您

觉得怎么样？”

“孩子最近情绪一直不太好，我很担心他出现抑郁的情况，您有什么好的建议吗？”

“我最近在给孩子制订学习计划，您给指导指导，看看有什么可以补充的。”

班主任作为教育工作者，拥有丰富的教育经验和专业知识。他们能够从专业的角度评估孩子的学习状况、行为表现和情绪变化，为家长提供有针对性的建议和指导。这有助于家长更全面地了解孩子，并做出更加科学合理的教育决策。

这些话，让班主任很反感

情景再现

如今，孩子的教育问题备受重视，这使得家长与班主任之间的沟通更加频繁。然而，家长的一些无心之言，却在不经意间触碰到班主任的敏感神经，让对方感到不悦。家长们一定要懂得避开家校沟通中的“雷区”。

场景回放

升入初二后，阿明的数学成绩下降了很多，妈妈非常焦虑。思来想去，她拨通了班主任的电话。

张老师，您好。我是阿明的妈妈，最近我发现孩子的成绩下滑得很厉害，我有些担心。

我也注意到了阿明的情况，正想找您谈谈呢。您有什么想法吗？

听说新来的数学老师刚毕业，没什么经验。下个学期会换数学老师吗？

场景回放

班主任闻言解释说：

咱们学校的老师都是通过层层选拔来的，教学能力您放心。会不会换老师，这个我也不知道，要看学校的安排。

阿明妈妈有些烦躁，继续说道：

那要给领导反映一下，毕竟我家孩子数学成绩一直都挺好，怎么换了这个老师就不行了呢？还有他那个同桌，整天不好好学习，老打扰别人，能不能给我家孩子换一个同桌？

您说的情况，我会具体了解，也会向领导反馈。

阿明妈妈生气地说：

您可别不管，今天就先给我家孩子换座位吧。

您放心，我明天先和孩子了解下情况。如果同桌真的打扰他学习了，我会妥善处理的。

令班主任反感的话

推卸责任的话。比如，“我工作忙，没时间管孩子，全靠老师您了”“我家孩子脾气特别冲，我是管不了了。老师，我把孩子交给你了，你想怎么管就怎么管吧”“我工作实在是太忙了，您就看着处理吧”等。

这些话一听就会给人一种推卸责任的感觉，而作为家长，教育孩子是义务，也是责任。无论遇到什么困难，都不能直接将孩子甩给老师，让对方替自己操心。这种做法会让班主任感到很大的压力，即使他们愿意尽心尽力地教育、照顾孩子，也无法替代家长在孩子成长中发挥的作用。

质疑老师的话。比如，“我家孩子成绩怎么下降这么多，是不是新来的老师水平不行啊”“他平时很乖的，怎么一到学校就学会打架了呢”“我家孩子怎么变得这么拖拉了，老师你是不是在学校都不怎么管他啊”等。

这些话看似是对孩子的关心，实际上却是对老师的质疑。孩子的教育存在复杂性和双向性，班主任虽为班级管理者，但无法时刻关注到每个孩子的一举一动。如果孩子出现问题，家长就急于将原因归于外部因素，这样既不公平也不客观，还容易伤害到老师。这种质问，不仅让班主任感到被误解和不被尊重，还可能挫伤其工作积极性。

胡搅蛮缠的话。比如，“我不管，我家孩子一定得当班长，他之前就一直当班长”“你说的那些我不懂，我只知道我家孩子受欺负了”等。

这些逼着班主任妥协的话，是对班主任极大的不尊重，只要一开口必定会引起班主任的反感。

家长和老师作为孩子教育过程中的两个关键角色，在沟通时，必须以平等、尊重、理解为基础，家长应避免使用上述可能让班主任感到“反感”的话语，采用更加积极、建设性的沟通方式。

话术建议

1. 理解

“没关系，孩子坐在哪里都一样，我相信他不会挑座位的，我也更理解您的安排。”

“孩子被撤了班干部有些不高兴，但我知道您这是为了给更多孩子一个锻炼的机会，我作为家长是非常理解和支持您的。”

“毕竟快考试了，作业多是很正常的，这是您的一片苦心，我这边肯定是毫无保留地配合您。”

班主任有时候压力会很大，如果家长能够在沟通中对班主任表示理解，会让他们感受到被尊重，这种积极的情绪有助于双方建立更加紧密的关系。

2. 信任

“我也一直在纠正他这种拖拖拉拉的习惯，既然他没有按时完成作业，肯定要接受处罚，您的惩罚也是为他好，我非常支持您。”

“您说得对，孩子平时的阅读量大，并不等于会写作文，还是要多练习才行。”

“我相信您都是为了孩子好，才让孩子放学后留下来加强练习的。”

家长对班主任表示信任，会让班主任感受到自己的工作得到了肯定和重视，这会极大地增强他们的工作动力和热情。同时，在家长的信任和支持下，他们也更愿意与学生建立良好的师生关系。

3. 肯定

“孩子能有这么大的进步，能有今天的成绩，要多多感谢老师的悉心培养和鼓励。”

“非常高兴能和您交流，您推荐的《每天一练》对孩子很有帮助。”

赞美是一种正能量，它能够传递出积极向上的信息，激励每一个人都朝着更好的方向努力。家长对班主任的赞美，会让班主任感受到自己的努力和付出被看见和认可，对整个教育环境也会产生积极的影响。

Part 2

班主任“告状”，怎么沟通

班主任“告状”时，家长应认真对待班主任的反馈，以冷静、理性、积极的态度与之沟通，了解具体的情况并积极听取班主任的意见和建议，及时纠正孩子的错误。

班主任反映孩子欺负同学，怎么沟通

情景再现

得知孩子在学校欺负同学时，作为家长，心中难免焦急又困惑，但此时一定要保持冷静，与班主任沟通时明确自己的态度，全力配合其工作。

场景回放

小智放学回家后有些闷闷不乐，妈妈询问他出了什么事，可他却一句话也不说。等到晚上，妈妈突然接到了班主任的电话，只听电话那头说道：

小智妈妈，您好，今天小智在学校和同学争吵时将对方推倒了，所幸并未造成什么太大的问题。

小智妈妈有些惊讶，问道：

真的吗？我一直在家教育他要和同学好好相处，怎么会这样呢？

场景回放

我非常理解您的心情，但事情毕竟发生了，咱们还是要处理一下。

那您说要怎么办呢？

您明天来学校一趟吧，咱们当面聊一下这件事，到时候摔倒的孩子家长也会到场。

小智妈妈有些犹豫，回答说：

可我明天没有时间，要不让孩子爷爷去一趟？

您看您能不能抽出一点儿时间，最好还是亲自到场。

家长处理孩子欺负同学事件的常见错误

第一，忽视问题的严重性

有些家长可能会认为孩子之间的欺负只是小打小闹，不必过于在意。然而，欺负行为往往会对受害者造成严重的心理伤害，甚至影响他们的学习和生活。如果家长忽视问题的严重性，不及时采取措施进行干预和纠正，就可能会让问题变得更加严重。

第二，责备或打骂孩子

一些家长在得知孩子欺负同学后，会直接责备甚至打骂孩子，认为这样可以让孩子认识到错误。然而，这种做法往往只会让孩子感到恐惧和沮丧，而不是真正认识到自己的错误。错误的处理方式还可能损害孩子的自尊心和自信心，导致孩子变得更加叛逆或封闭。

第三，过度保护或偏袒孩子

一些家长可能会因为爱子心切，过度保护或偏袒孩子，不愿意承认或面对孩子欺负同学的事实。他们可能会替孩子找借口，或者试图通过其他方式解决问题，而不是直接面对和纠正孩子的行为。这种做法不仅无法解决问题，还可能让孩子认为自己的行为是被允许的，从而继续欺负同学。

当孩子在学校出现欺负同学的情况时，家长的处理方式至关重要。首先，应努力保持冷静，并在采取行动之前与孩子、班主任及学校进行深入沟通，全面了解事件的起因、经过和结果。随后表明自己的态度，向孩子说明无论出于何种原因，打架都是不可接受的行为，自己会和孩子一起积极承担相应的责任。在这个过程中，家长应注意语气和方式，避免过度指责或惩罚孩子，以免伤害孩子的自尊心。在事情处理结束后，家长也不要忘了带领自家孩子向受到伤害的孩子和家长致歉。

话术建议

1. 第一时间道歉

“不好意思，张老师，给您添麻烦了。”

“对不起，张老师，是我没管教好他。”

班主任作为管理监督者，很可能会因此事被受伤的学生家长问责，因此家长在得知消息后要及时向其道歉，在表明态度的同时照顾到其情绪。

2. 确认事实

“刚刚您说他在学校了打了同学，您能讲一讲具体发生了什么事吗？”

“我刚刚听他讲了这件事，但我担心他说得不够清楚，您能告诉我具体是什么情况吗？”

在处理这件事情之前，家长要确保已经了解了所有相关的事实，并与班主任所获得的信息保持一致，以免冤枉孩子。

3. 承担责任

“我们有错在先，该道歉道歉，该赔偿赔偿，您可以向对方家长转述我们的态度，不会让您为难的。稍后，我也会抽时间带孩子登门赔礼道歉的。”

“不管一开始是谁对谁错，我家孩子先动手打人，那就是他的不对。我们这边肯定会承担责任，道歉、赔偿都能接受……”

家长要端正态度，并主动给出解决方案，表示解决问题的诚意，让班主任在这次事件中仅作为调解者出现，千万不要直接将问题抛给班主任处理，让对方难做。

4. 反思

“出了这种事，我作为家长要负最大的责任，稍后，我会好好批评教育他的。”

“是我平日里对他的管教太松懈了，给您添麻烦了，以后我会好好管教他的。”

家长主动将问题的责任揽到自己身上，以减轻班主任的内心负担，并表明纠正孩子坏习惯的决心，让班主任感受到家长对这件事的重视。

班主任反映孩子上课调皮捣蛋，怎么沟通

情景再现

孩子在步入青春期之前，正是活泼好动的年纪，他们精力旺盛、好奇心强，难免会在学校中闯祸。当家长们从班主任口中听到孩子调皮捣蛋的消息时，一定要懂得应对之法，通过沟通成功解决问题。

场景回放

阳阳放学回家后，和妈妈说自己今天被老师狠狠地批评了一顿。待问清楚缘由，妈妈顿时火冒三丈，训斥他说：

课堂上捣乱，老师批评你是应该的，你还委屈上了。

说罢拿起手机，刚要给班主任打电话，没想到班主任的电话先一步打了过来。电话接通后，班主任详细地讲述了事情发生的经过，阳阳妈妈无奈地说道：

您看这个孩子，平时在家胡闹也就算了，现在居然在上课的时候给老师添乱，真是无法无天。

场景回放

班主任见对方正在气头上，只好安慰说：

您先别生气，孩子现在正是活泼好动的年纪，发生这种事也是正常的……

还没等班主任说完，阳阳妈妈就打断了对方：

那怎么行？要是养成习惯，以后吃亏的可是他自己。老师您一定要好好帮我们管教他，千万不要让他再这么任性下去了。

今天我给您打电话就是为这件事，希望您能和他沟通一下，让他认识到自己的错误。

说起来不怕您笑话，我们根本管不了他。在家里就一直胡闹，只能请您多费心了。

班主任闻言顿时有些无奈，只好先换了一个话题，但心里对这位家长有了一丝不满。

洞悉班主任的真正意图

当班主任选择向家长反映孩子的在校表现时，其真实意图并不是简单地“告状”，而是想与家长进行深入沟通，让家长们更为全面地了解孩子在学校的真实状态，也邀请家长与自己携手引导孩子正向发展。家庭和学校两者相辅相成，只有目标一致，精诚合作，才能为孩子搭建一个更加和谐、健康的教育环境。

但是，一些家长无法认清这一点。他们总认为班主任向自己“告状”，是为了宣泄自己的怨气，为了将管教不严的责任推给家长。因此，在与班主任沟通时，他们通常会表现得过于随意或敷衍，说“这孩子我是管不了了”“还是您替我们管教他”等推诿的话。在班主任眼中，这是一种极其不负责任的表现。

其实，家长在班主任反馈时，需要做的事情很简单：只要感谢班主任的及时沟通与关注，表达自己对孩子教育的重视和合作的意愿即可。有时候，仅仅一句简单的“谢谢您的反馈，我们会一起努力解决这个问题”，就能让班主任感受到家长们的诚意和配合。

家长的积极配合能让班主任感受到自己的工作被尊重和认可。班主任在日常工作中投入了大量的心血和精力，家长的配合与支持无疑是对他们辛勤付出的最好回应。班主任感受到家长的诚意和配合，双方能够坦诚地交流孩子的成长情况，共同商讨教育策略，创造和谐的家校关系。和谐的家校关系不仅有利于孩子的健康成长，也为班主任的工作创造了更加有利的条件。

话术建议

1. 道歉

“真的很抱歉，这孩子太不懂事，给您添麻烦了。”

“对不起老师，让您费心了。”

“真不好意思，他在课堂上捣乱是我们家教的疏忽，我对此深感自责。”

一个班级里通常有几十个学生，班主任日常工作非常忙碌，孩子扰乱课堂等于无形中增加了班主任的工作量。家长向班主任道歉不仅是给予班主任应有的尊重，还能在一定程度上缓解其在处理扰乱课堂秩序的负面情绪。

2. 积极配合

“我会好好和孩子沟通一下，引导他端正自己的学习态度，保证他以后不会再犯同样的错误。”

“回家后我一定狠狠批评他，让他深刻认识到自己的错误，还请老师放心，这样的事情以后绝不会发生。”

“您说的这个问题非常严重，我会加强对他的管教，帮助他养成认真听讲的习惯，不再给您添麻烦。”

班主任向家长“告状”，不只是通知家长孩子犯了错误，更是希望家长能够积极配合学校和自己的工作，纠正孩子的坏习惯，让他们变得越来越好。因此，在沟通中，家长表明积极配合的态度非常关键。

3. 致谢或致歉

“感谢您对孩子的宽容和支持，也谢谢您及时将孩子的情况反馈给我们家长，让我们更早发现孩子身上的问题。”

“衷心感谢您在这件事上的体谅和耐心，还请您继续在课堂上多多督促他，引导他。”

“我作为孩子的家长，再次为给您带来的困扰表达歉意，还请您原谅。”

在沟通中，再次致谢或致歉能进一步体现家长的诚意和责任感，同时，也向老师传递出对其辛勤工作、耐心教导及专业能力的深深尊重和高度认可。这种正面反馈有助于家长和班主任之间关系的和谐。

班主任反映孩子成绩差，怎么沟通

情景再现

在孩子上学期间，家长最关心的莫过于孩子的学习成绩。正所谓“关心则乱”，一些家长在听到自家孩子成绩不理想的消息时，往往由于内心慌乱而不知道该说些什么，但这种反应不仅会打击班主任的积极性，还白白浪费了一次与其针对孩子学习问题深入沟通的机会。

场景回放

中午，晓铭爸爸接到了晓铭班主任打来的一通电话，班主任问道：

晓铭爸爸，您好，我是晓铭的班主任，您现在接电话方便吗？

晓铭爸爸担心晓铭在学校惹了祸，心里有些紧张，回答说：

方便，您说。

是这样的，我注意到晓铭现在偏科有些严重，他数学和英语的成绩要比其他学科差很多，我很担心未来这两科会在考试中拖晓铭的后腿。

场景回放

听到老师这样说，晓铭爸爸松了口气，说道：

我一直说他，可他又不听，我也没办法。

这件事咱们一定要重视起来，不然以后会影响到晓铭升学的。

那您受累平时多管教管教他吧，该打打，该骂骂，我们这边肯定支持，他最听您的话了。

班主任有些无奈，说道：

那先这样吧，抽空咱们再聊这个问题。

一些家长在得知孩子在学校中的成绩有些差时，会将班主任的反馈视为兴师问罪，内心惶惶不安。其实，班主任的初衷是让孩子在未来得到更好的发展，而并非责备。因此，家长在与老师沟通时要保持情绪的稳定。

此外，班主任向家长反映孩子学习成绩差的问题，通常是因为其已私下提醒过孩子，但收效甚微，或者孩子的教育工作需要家长的配合。这意味着家长要引起重视，并表示自己会积极配合班主任的工作，而不是想到什么说什么。

班主任反映孩子成绩差时，常见的沟通错误

第一，推卸责任

家长以工作太忙，没时间管孩子的学习为借口推卸本该承担的责任，很容易让班主任感到家长对孩子学习的不重视。

第二，质疑老师

家长仅以孩子在家中的表现为准，怀疑班主任对孩子有偏见，甚至怀疑其故意给孩子穿小鞋。这种质疑不仅可能伤害班主任的感情，还可能破坏家校之间的信任。

第三，过度保护

家长溺爱孩子，不希望班主任因成绩问题给孩子压力。这种想法本身没错，但在班主任反映成绩问题时，这样的回复可能显得家长不够重视，缺乏解决问题的积极态度。

第四，忽视问题

与班主任沟通时，家长太过敷衍，没有沟通欲望，或者回复得十分礼貌，但缺乏具体的行动计划和解决问题的决心，会让班主任觉得家长并未真正重视这个问题。

第五，责怪孩子

家长将问题全部推到孩子身上，在班主任面前细数孩子平时的懒散表现，或者直接责备孩子。这样做不仅会让孩子感到尴尬和受伤，还会让班主任觉得家长在教育孩子时缺乏有效的方法和耐心。

正确的回复方式应该是积极、有建设性的。家长一定要表示出对班主任反映问题的重视，同时，也可以分享一些孩子在家中的学习情况和表现，以便与班主任共同分析问题存在的原因，找到更合适的解决方案。

当班主任向家长反馈孩子的学习成绩太差时，作为家长，如何在回复中表达出理解、支持与合作的意思，才是此次沟通的关键。家长可以尝试以下话术。

话术建议

1. 致歉

“孩子近一段时间的表现确实有些差，这次考试成绩也不太理想，让您费心了。我平时工作比较忙，疏忽了对孩子的监督，这是我的问题。”

“我看了孩子的成绩，和她之前的成绩相比，退步很大，可能是我这段时间放松了对她的监督，以后我会更关注她的学习情况。”

家长作为孩子教育的第一责任人，应该关注孩子的学习进展情况和存在问题，给孩子提供支持和鼓励。孩子学习成绩下降，家长有不可推卸的责任，当班主任反映孩子的成绩问题时，家长需要第一时间承认自己的疏忽，以表明态度。

2. 询问看法

“您觉得最近孩子成绩差，是考试时不够认真，还是平时学习有些散漫？”

“您觉得孩子在哪些科目或学习习惯上需要特别加强？”

家长主动询问班主任对孩子的成绩差的看法，能够体现家长对孩子学业的关心，也展现了自己对家校合作共育的积极态度。班主任的专业视角能帮助家长认识孩子成绩下降背后的原因，从而制定针对性的改进措施，促进孩子学业的稳步提升。

3. 寻求建议

“您觉得现在这个情况，孩子该如何调整，我们该做些什么？”

“关于孩子后续的学习，您看您有什么建议，需要我们配合的？”

家长向班主任寻求提高孩子学习成绩的建议，一方面能展现出家长对其的信任和尊重，另一方面老师作为专业的教育人士，所给出的建议也更为合理。在班主任眼中，家长越是积极主动去解决问题，证明这次沟通就越成功，同时，还能给班主任留下明事理的好印象。

家长因孩子抽烟被请到学校，怎么沟通

情景再现

如今，一些孩子为了交朋友、彰显个性，会过早地染上抽烟的坏习惯。当家长得知孩子在学校抽烟被发现后，情绪难免会变得激动。但是，在班主任沟通的过程中，家长一定要懂得控制自己的情绪。

场景回放

一天下午，小龙的爸爸被班主任请到了学校。在办公室中，班主任解释了事情的经过：

今天上午第二节课后，小龙和一位同学躲在厕所里抽烟，被教导主任抓了个正着。请您过来，主要是想和您沟通一下这件事。

小龙爸爸闻言立刻火冒三丈，对班主任说：

您不用说了，小小年纪不学好，真是欠揍。

说罢，抬起手就要狠狠教训旁边的小龙。班主任见状连忙拦住对方，安慰说：

场景回放

您别着急，先消消气，小龙虽然做得不对，但也没有必要打他。

小龙爸爸气冲冲地说：

您不知道，他来学校之前，我就千叮咛万嘱咐，让他好好上学，可没想到成绩不怎么样，学会吞云吐雾了。真是气死我了，不打他几下我消不了气。

眼见对方越说越激动，班主任只好先让犯错的小龙离开办公室，随后说道：

虽说小龙犯了错，但好在发现得及时，现在督促他改正坏习惯才是最要紧的事。

老师，您该批评就批评，该处罚就处罚，该记过就记过，我也不管他了，这次非让他长长记性不可。

说罢小龙爸爸直接无视班主任的挽留，离开了学校。

直面孩子的问题

家长在得知孩子在学校抽烟被抓的第一反应通常是惊讶，随之而来的就是愤怒。一些性子急躁的家长往往无法控制自己的情绪，根本无视班主任想要深入沟通的需求，在办公室中大发脾气。也许是认为孩子的行为让自己颜面尽失，也许是怒其不争，这类家长始终都只是想狠狠惩戒孩子一番。但是，家长的这种暴力做法其实是在逃避，忽略了与学校合作共同教育孩子的机会，也可能让孩子感受到家庭和学校的双重压力，不但对于解决孩子身上存在的问题毫无益处，反而会加剧家庭与学校之间的隔阂。

还有一类家长始终不愿相信这件事，他们会摆出一副袒护自家孩子的态度，对班主任强调，“我家孩子怎么可能抽烟呢？您是不是弄错了”“我家孩子我很了解，我不相信他会做出这种事，其中是不是有什么误会”。这种反应忽视了问题的严肃性，也未能展现家长积极解决问题的姿态，很容易引起班主任的反感。

家长在与班主任沟通时，直面孩子的问题非常重要，它能够展现家长的责任感和成熟度。当得知孩子出现不良行为时，家长能保持冷静，直接面对并承认问题的存在，这本身就是一种积极的态度。而且这种态度能够向班主任传递出家长愿意与学校携手解决问题的信号，有助于增强家校之间的信任和合作。

直面问题也有助于家长深入了解孩子的实际情况，更加准确地把握问题的性质，从而制定出更加具有针对性的教育方案。因此，家长在与班主任沟通时，第一步要做的就是直面孩子身上所存在的问题。

话术建议

1. 询问具体情况

“您这是第一次发现他抽烟吗？”

“他平时是一个人抽烟，还是和同学一起？”

“您是从什么时候察觉他有抽烟的习惯的？”

家长在与班主任沟通时，可以先向班主任询问孩子抽烟的具体情况，包括时间、地点及有无涉及其他同学等。这些信息有助于家长更为全面地了解孩子所犯的错误，为后续的沟通提供事实依据。

2. 表达重视

“这么小就开始抽烟，对身体伤害很大，这是一件非常严重的事情。”

“抽烟既有危害，又违反校规，绝不能姑息。”

“您说得很对，现在染上这种坏习惯对他以后的学习肯定有影响。”

家长向班主任明确自己对孩子抽烟问题的关注和重视，以及对孩子健康成长的期望。这一态度能让班主任感受到家长积极解决问题的决心。

3. 探讨原因

“您觉得他为什么会抽烟？这些日子他的状态怎么样？”

“我之前从未接触过这个，应该是近段时间交到了不好的朋友，您怎么看？”

“可能是跟大人们学的，家里亲戚抽烟的人很多。”

家长与班主任一起探讨孩子抽烟的原因，如社交压力、好奇心驱使、模仿行为等，便于后续在与孩子沟通、劝诫孩子戒烟时，能有一个更好的切入点。

4. 做出承诺

“我会去和孩子沟通这件事，希望您也能继续对他进行关注和监督，至于学校方面的处罚，我们这边没有任何意见。”

“我会好好管教他的，保证以后绝不会让他再犯这种错误，希望您能再给他一次改过自新的机会。”

“我回去后和他深谈一次，让他认识到抽烟的危害，并会让他写一份保证书，也请您严格监督。”

家长向班主任承诺将积极采取措施解决孩子抽烟问题，并请求班主任在后续过程中给予关注和支持，给予孩子改过自新的机会。家长的保证和求情能大大减轻孩子因犯错而即将受到的惩罚。

工作在外，频频收到班主任“投诉”怎么办

情景再现

如今，越来越多的家长因工作原因不得不远离家乡，将孩子托付给长辈或学校。因此，每当看到手机屏幕上班主任发来的信息，远在他乡的家长往往心头一紧——孩子的调皮捣蛋、学习退步，或是行为问题，都成了家长心头挥之不去的困扰，他们即使有心教育孩子，也无奈鞭长莫及。

场景回放

志强的爸爸妈妈一直在外地工作，只有过年的时候才能见一面，平日里都是爷爷奶奶照顾他。一天晚上，志强妈妈接到了爷爷的电话，得知志强又闯祸了，志强妈妈随即叹了一口气，老师前天刚和自己通了电话，讲了一些志强的小毛病，自己也保证好好教育他，可志强却屡教不改，真让人无奈。果不其然，第二天，志强的班主任就打来了电话，明显带着情绪：

志强妈妈，志强现在的问题有些严重，他自己胡闹就算了，还打扰同学，甚至有几个家长都很严肃地和我讲了这个问题。

场景回放

真不好意思，给您添麻烦了，之前您跟我说过这个问题，我没能重视起来，是我的问题。

我也不是和您告状，主要是现在这个问题必须解决，希望您这边能提供一些帮助，大家合作，毕竟也是为了志强好！

您说得没错，他的问题确实很严重了，这样吧，我先跟他沟通一下，看一看是不是他有什么特别的想法，还是就是单纯的淘气，然后再给您打电话。

这样就再好不过了，平时我也会多监督、约束他的。

那麻烦您了，要是实在不行，我就辞职回家，好好看着他。

您这样说，我心里就踏实了。其实，我挺喜欢志强这个孩子的，就是太淘气了。

这些日子真是麻烦您了，以后我保证他老老实实，不再给您添麻烦，也希望您能多费心。

您放心吧，我们老师对所有孩子都是一视同仁的，不会因为他犯错误就忽视他的。

“投诉”≠“告状”

关于班主任的“投诉”，家长很容易陷入一个误区，那就是班主任频频给自己打电话，细数孩子在学校惹的祸，是在向自己告状或诉苦。这种观点主要源自情感共鸣，大多数无法亲自陪伴孩子成长的家长，内心肯定有着难以诉说的委屈，再加上生活、工作等各种压力的挤压，他们非常渴望倾诉内心的委屈。同时，他们在班主任打电话的举动中读出了对方的无奈，会下意识将自己的情绪代入，将“投诉”视为“告状”，期望有一个人能帮“自己”改变现状。因此，一些家长在情绪的影响下，很难与班主任建立积极良好的沟通。

实际上，班主任频频打电话不是为了责备家长不负责任，或者说服家长返乡，而是想要与家长建立合作，通过双方的共同努力，解决孩子目前所面临的问题。

因此，家长在面对来自老师的“投诉”时，沟通思维要从“问题模式”转换成“解决模式”，即如何做，以及达到怎样的效果。如果家长在沟通中没有思路，可尝试以下话术。

话术建议

1. 致歉

“唉，上次刚批评他没多久，又惹祸，真不好意思，给您添麻烦了，是我没教育好他。”

“怪我心软了，一直没舍得批评他，是我的问题，真对不起。”

孩子犯错，做家长的责无旁贷，家长在回复时首先要表达对孩子不当行为的惭愧及为班主任添麻烦的歉意，并强调自己作为监护人的责任。这样的回复能体现家长对该事件的重视，让班主任稍稍宽心。

2. 自身态度

“我现在才发觉他身上的问题很严重，晚上我会和他好好聊一聊最近的事情，听一听他是怎么想的。”

“您之前说得对，这种问题必须尽早解决，我会先和他沟通一下，了解一些他最近的想法。”

家长要表明自己已经意识到了问题的严重性，并与孩子进行深入沟通了解其背后的原因。这一做法能体现家长对该事情的重视以及积极性。

3. 具体计划

“我打算给他做一个计划，来纠正他的坏习惯，让他知道哪些行为是不认真听讲，哪些行为是做事拖拉。如果他能坚持的话，我会给他一些奖励，您看怎么样？”

“以后每天早晨我都给他打一个电话，叮嘱他一下，让他老老实实地上课，不许胡闹，他如果再犯的话，我就回去教训他。”

面对老师的“投诉”，最关键的是如何帮助孩子解决问题，家长需要给出具体的改进计划，包括改进的内容，奖惩的制度等，展示给班主任看，如此，方能表明家长的决心。同时，家长也不要忘了请班主任提供更多的指导和建议，以便形成家校共育的良好氛围，共同促进孩子的健康成长与全面发展。

part 3

班主任家访，怎么沟通不紧张

班主任来家访，家长不必过于紧张或担心，可以将其视为一次增进了解、共同促进孩子成长的机会。家长应放松心态、做好准备工作，如提前布置沟通环境、准备沟通话题等，让沟通变得更加轻松、高效。

“家访焦虑症”，你有吗

情景再现

班主任最近要家访？这个消息虽不是什么重磅炸弹，但足以令家长失眠，甚至惊慌失措，焦虑无比。

场景回放

9月，小米入读小学，妈妈接到通知，班主任要开始家访，下周可能轮到他们家。为了给班主任留下一个好印象，小米妈妈对爸爸说道：

周末的时候，咱们给家里做一次大扫除吧，把小米的房间和客厅打扫干净。

好。

你觉得班主任会问些什么？咱们该怎么回答？

不知道，我不擅长和人交际往来，到时候还是你出面和老师谈吧？也让小米给老师做个自我介绍。

场景回放

尽管一切都安排妥当，但小米妈妈还是有些纠结。

你说要不要送点儿礼物给班主任表示一下？可送什么好呢？咱们和老师第一次见面就送礼是不是不太好？

我觉得先备下吧，送不送看情况再说。

小米妈妈上班都心神不定，既盼着班主任赶紧来，又怕班主任来，纠结不已。

很多学校，尤其是新生入学的时候，班主任通常会安排一次家访。第一次见班主任，该如何应对？家长们完全没有经验，有点儿焦虑也是正常的，但完全不必过度焦虑。

了解班主任安排家访的原因

家长要先了解班主任为什么要家访。正因为家长对班主任家访的原因并不明确，才会猜测班主任到访是不是有什么特别的目的，因而产生一种不知怎么做才好的焦虑。

其实，班主任家访的目的很简单：就是真实地感受和了解孩子的成长环境、家庭状况和家长的期望等。因为在学校，班主任看到的只是孩子在学校的表现，有很大的局限性，而通过与家长的交流，观察孩子生活的环境，对孩子多一点儿了解，班主任可以在以后的教学过程中，为孩子提供有针对性的教育方式。

如果父母能够明白班主任来家访的目的仅仅是更多地、更全面地了解孩子，也就不会花大量的时间去纠结如何“讨好”班主任，或者担心说错话得罪班主任了。

有些班主任通过家访发现，班里有不少孩子父母离异，这样的孩子平时没人管，生活和学习状态都比较差。比如，有个孩子父母离婚，爸爸在外地工作，他平时跟着爷爷，爷爷身体不好，都是孩子做饭照顾爷爷。对于这样的孩子，班主任了解后，就会主动多关心其生活和学习。

总之，班主任要真正了解孩子，并不是依靠微信和电话就能做到的，所以才会安排家访。有时，为了避免家长过度准备，使得家访结果“失真”，班主任通常只会提前一两天通知家长，再约定具体的见面时间。

不必太刻意

第一次家访，班主任最希望的就是能看到“真实的一面”，家长刻意地准备反而没必要。比如，有的家长为迎接老师的到来，精心准备了饮料、水果和点心，虽然在中国讲究待客之道，但过分隆重反而让双方无法放松下来。

有的班主任反映，他们家访时会自己带水，也不会食用家长准备的水果。有的家长很热情，不断把水果往老师手里递，班主任即便接下，也会放下来。因为家访的时间有限，最久也就半个小时，如果把时间都浪费在彼此的客套上，真正要聊的内容就会被耽误了，家访的成效自然大打折扣。

更重要的是，对班主任来说，能够达到家校配合的目的，比准备什么样的食物更重要。

更有甚者，有的家长不仅准备了一堆吃的喝的，还准备了礼物，令原本简单透明的沟通蒙上了灰尘，这就更令班主任尴尬了。同时，家长送礼也是对班主任人品和工作的不信任。所以，班主任家访，家长不必精心准备，更不必送礼。

话术建议

1. 表达欢迎和感谢

“欢迎老师家访，辛苦了，您请坐。”

“非常感谢老师抽出时间来家访，我们家长一定积极配合。”

见到班主任，家长要用热情的语气表达欢迎以及感谢，但客套的话一两句就够，多了难免显得生疏。

2. 表达信任和配合

“您对孩子的评价很中肯，我们会认真考虑您的建议。”

“我们愿意与您配合，共同关注孩子的成长和进步。”

“孩子的心理健康的确很重要，我们平时在家里应该做哪些配合？”

班主任一般会在了解孩子的情况后，给出一些建议，或者针对某方面给出一些建设性的意见。家长一定要积极听取班主任的意见和建议，并表达出信任和配合的态度，千万不要说“老师，我们不懂教育，这孩子以后就全靠老师多费心了”，这种话表面上是无比信任老师，实际上是家长在推卸自己做父母的责任，是错误的家庭教育观。孩子的教育需要老师和家长一起配合，而不只能单单依赖老师。

3. 表达关注和重视

“孩子在学校的表现如何？”

“孩子在课堂上表现是否积极？”

“请问老师，孩子在学校和同学相处得如何？”

除了坦诚地回答班主任提出的问题，家长也可以通过询问，了解自己想知道的孩子的情况。比如，家长觉得孩子性格比较内向，可以通过和班主任的沟通，了解他在学校和同学相处的情况。

4. 表达期望和求助

“老师，这孩子比较热心、爱助人，希望能让他当个班干部，为大家服务。”

“老师，这孩子在家比较内向，希望您在课堂上多多鼓励他。”

“老师，这孩子在家里经常主动做家务，希望能得到您的夸奖和鼓励。”

“老师，孩子写作业有点儿粗心，有没有什么好的建议，可以帮他改正这个坏习惯？”

家长有什么期望，也可以坦诚地和班主任说。比如，希望班主任在哪些地方表扬、鼓励孩子。此外，家长在教育的过程中，如果遇到什么难题，也可以向班主任请教、求助。

5. 再次表达感谢和支持

“感谢老师您对孩子的关心和付出。”

“我们都非常信任您的教育和引导，相信孩子在您的帮助下，一定会越来越优秀。”

“我们一定积极配合，和您一起努力，帮助孩子健康成长。”

家访结束时，父母要再次表达对老师的感谢，以及自己配合的态度，让老师感受到你的信任和对孩子教育的重视。

班主任家访，需要让孩子回避吗

情景再现

很多家长会习惯性地将家访视为大人之间的谈话，不愿意让孩子过多参与。但是，真切地感受和了解孩子是班主任家访的目的之一，家长的这种做法显然与班主任的初衷背道而驰，会让家访效果大打折扣。

场景回放

班主任按照约定时间去小梅家家访，刚到门口时恰好遇到小梅外出，班主任有些意外，问道：

小梅，你这是……

还没等小梅说话，小梅妈妈从屋里走了出来，笑着回答说：

王老师来啦！快请进，我让小梅去同学家写作业。

说完，热情地招呼班主任进屋。班主任落座后，小梅妈妈解释说：

有些话让她听到不好，也省得我们说话不方便，我将她打发出去，免得她偷听。

场景回放

班主任略微有些无奈。本来有些事班主任还想当着小梅的面说，可面对进门时小梅妈妈那不容拒绝的语气，只好作罢，步入正题：

小梅妈妈，今天我来是想和您汇报一下小梅在学校的一些情况……对了，还有一件事和小梅有关。

小梅闯祸了？

那倒没有。之前学校举办集体活动时，小梅上台唱了一首歌，老师们觉得她歌唱得很不错。最近，市里面举办了一次唱歌比赛，希望小梅能代表学校去参赛，想问一问她和您的意见。

这是好事啊！我们没有意见。

班主任有些犹豫，试探地问道：

咱们要不要先问一问小梅的想法？

小梅妈妈斩钉截铁地回答：

不用，这事我就能做主，等她回来我告诉她就行了。

见小梅妈妈坚持，班主任只好稍坐片刻后，便以工作忙为由离开。

孩子在场的必要性

孩子在老师家访的过程中保持参与，不仅有助于孩子感受到家庭与学校之间紧密的合作关系，还能激发他们对自己学习成长的责任感。当孩子亲眼看见班主任如何细致入微地了解他的家庭环境、兴趣爱好及学习状况时，他会更加珍惜这份来自班主任的关注，从而在内心深处种下自我提升的种子。这种直接的互动也为孩子提供了一个学习如何待人接物、尊重他人的良好机会，有助于培养孩子的社交技能和情感智力。

同时，这样的经历让孩子明白，他的每一个决定和行为，都不仅仅是个人事务，还是跨越家庭与学校界限，对周围环境产生积极影响的力量。这种意识的觉醒，激励着孩子在学习上保持积极态度，同时在日常生活中养成负责任的行为习惯，在构建和谐的家庭与学校环境中贡献自己的力量。

有时候，家访的目的是解决孩子在学校或家庭中遇到的具体问题。当孩子作为直接相关方参与其中时，他们能够更精确地阐述问题的本质与细节，确保家长与班主任的讨论建立在全面了解事实的基础上。这种直接参与不仅提升了解决问题的效率，也使得家长和班主任所制定的解决方案更加贴合孩子的实际需求，进而实现问题的根本性解决。

需要孩子回避的情况

当然，如果家访的话题涉及一些敏感或私人的话题，家长就要考虑孩子的心理承受能力了。在这些情况下，家长最好暂时让孩子离开。

年龄较小的孩子无法理解家访的内容，为减轻他们的不安，家长可以巧妙地安排他们在一个安全、愉快的环境中玩耍，或是交由亲人暂时照顾。而对于那些心智更为成熟、理解能力较强的青少年，家长要鼓励他们根据自身意愿参与讨论，同时，也应尊重孩子的选择，如果他们不愿意参加，家长也不要逼迫他们。

此外，家长还要考虑孩子的性格因素，如果孩子内向、敏感，不太擅长在家长和班主任面前表达自己的想法，家长要给予他们足够的个人空间；而那些性格外向的孩子，家长应鼓励他们参与讨论。

由此可见，当班主任来家访时，是否要求孩子回避需根据具体情况而定。最关键的点在于确保家访顺利进行，同时还要照顾到孩子的情绪。

话术建议

1. 引导孩子和老师说话

“刚才老师说了，你的基础太差，建议你上个补习班，你有什么意见，可以和老师直接说。”

“老师平时见你总是不愿和同学玩，你有什么想法，可以和我们讲一讲。”

家长引导孩子与班主任沟通，能够让孩子感受到班主任的关心和支持，有助于建立积极的师生关系，促进孩子的学习动力和自信心。

2. 夸赞孩子的优点

“我注意到孩子最近在家里做作业特别认真，而且对于英语非常感兴趣，我想这离不开您的引导和鼓励。”

“有时候，孩子回家会跟我分享在学校学到的知识，这种变化让我觉得非常欣慰。”

当着老的面，含蓄地夸赞孩子的进步，既能增强孩子的自信心又能增强老师的成就感和教学积极性。

3. 指出孩子的缺点

“我注意到他平时做作业时，注意力很容易分散，不知道您是否也注意到了这种情况？”

“我发现他平时不爱和同学一起玩，您觉得有什么方法能对此加以改善？”

委婉地指出孩子的缺点能避免伤害孩子的自尊心，让孩子在认识到自己不足的同时，仍然保持积极向上的心态。

新班主任家访，注意哪些细节可以加分

情景再现

当孩子顺利升学后，新的班主任为了更好地开展工作，通常会提前对学生们逐一进行家访。家长一定要懂得利用这次机会，帮助孩子给班主任留下一个良好的印象。

场景回放

小坤今年刚刚升入小学。临近开学时，小坤妈妈接到了学校的电话，得知小坤的班主任要来家里进行新生家访。第二天上午，小坤妈妈早早地在小区门口等候，成功接到班主任后，带领对方回到家中。打开门时，小坤已经站在门口，妈妈笑着说：

小坤，这就是你的班主任。

小坤毫不怯场，对班主任说道：

老师好，我是小坤，今年 6 岁了，欢迎您来我家做客。

班主任摸了摸小坤的头，亲切地回答说：

场景回放

小坤你好，我是你未来的班主任，我姓王，你可以叫我王老师。

妈妈将班主任引到客厅，随手关掉电视，等对方落座后，又是削水果又是泡茶，分外热情，反倒让班主任有些不好意思了，说道：

小坤妈妈，您太客气了。

应该的，您能来家访，我们一家高兴还来不及呢！

两人闲聊了一会儿，班主任步入主题，说道：

我这次来呢，主要是为了了解一下孩子的情况，同时也和您熟悉一下，这样大家以后沟通起来更方便一些。

让您费心了。平时孩子爸爸工作比较忙，都是我一直在照顾孩子，如果孩子有什么问题的话，您可以随时和我讲，我这边一定会配合您的工作……

班主任临走时，妈妈邀请对方参观了小坤的房间。班主任见到桌子上的课外读物，问道：

小坤平时爱读这些书吗？现在喜欢读名著的孩子不多见。

他从小就喜欢读这些东西，我和孩子爸爸觉得这是好事，所以一直很支持。

确实是，小孩子多些积累毕竟是好事。

家访结束，妈妈本打算将班主任送到小区门口，但在班主任的强烈推辞中只好放弃，目送对方离开。

尊重往往体现在细节，小坤妈妈在对待新生家访这件事可谓细节满满，考虑得非常全面：站在小区门口迎接，是担心班主任一时半会儿找不到自己家；让孩子主动打招呼，既体现了自家孩子有礼貌，还能拉近双方的距离，为后续班主任与孩子沟通打好基础；随手关掉电视，是为了保证沟通环境的安静；等等。诸多细节势必会收获班主任的好感。

注重沟通环境和个人形象

当家长得知班主任要来家访时，双方的沟通环境一定要保证舒适、整洁，虽然不至于将所有房间打扫干净，但至少用于会客的客厅需要收拾得井井有条，地板、茶几、沙发、茶杯都要擦拭干净。同时，孩子的房间也要收拾干净，避免班主任去孩子房间参观，发现房间的脏乱差与客厅形成巨大反差，发现家长是为了应付家访做了一些“形象工程”。

此外，家长也要提前打理自己的形象，注重考虑着装、发型等。除了眼睛能见到的，细节还包括鼻子能闻到的。人们长期处于自己熟悉的环境中，对异味不够敏感，但是刚从室外进来的人却会瞬间发觉室内的异味。因此，家长可以在家中放一些香薰，同时将家中的干湿垃圾及时清理掉。

除了待客的细节，在与班主任沟通时，家长也要注意其中的细节，可以参考以下话术。

话术建议

1. 介绍家庭情况

“我爱人比较忙，平时都是由我照顾孩子，如果以后您有什么问题，可以随时联系我。”

“我家情况比较特殊，单亲家庭，平时我不怎么在家，都是由孩子的姥姥姥爷来照顾孩子，但我这边也会积极配合您的工作，请您放心。”

在沟通中，家长主动介绍家庭情况，并给班主任一个具体的联系人选，以便后续针对孩子的问题进行沟通，同时也要表明自己配合对方工作的态度。

2. 介绍孩子的优缺点

“我家孩子很聪明，学习也很有耐心，但性格比较内向，不善于和其他同学打交道，希望您能多给他一些鼓励和引导。”

“他平时非常活泼，但性子比较固执，有时候认定了一些事，谁劝都没有用。”

家长在家访中向班主任介绍孩子的优缺点非常重要，这能够帮助班主任了解孩子的潜力以及需要改进的地方。这些信息能让班主任更精准地识别孩子的需求，对以后实施针对性的教学策略有很大的好处。

3. 主动介绍特殊的情况

“之前我们带孩子去检查，医生说孩子有多动症，经过一段时间的治疗，现在状态好多了。”

“孩子对杧果过敏，只要吃一点儿就不舒服，浑身起疹子，但这种事和他也讲不明白，平时只能不断提醒他，监督他。”

如果孩子存在某些生理或心理上的缺陷，家长与班主任沟通时通常会选择刻意隐瞒，以免孩子遭到歧视。但是，这些特殊情况恰恰是班主任最希望得知的信息，方便其对以后可能出现的突发情况有所准备。可这种事情，班主任无法主动开口询问，如果家长能主动讲出来，会让班主任心生好感。

怎么向班主任反映孩子在家的情况

情景再现

当老师来家访时，势必会问到孩子在家中的表现情况。此时，家长一定不要随口回应，而是要抓住这次绝佳的沟通机会，全面地展示孩子在家的表现，努力给班主任留下好的印象。

场景回放

新学期即将开学，明哲的班主任按照惯例来家访。明哲妈妈热情地招呼班主任落座，闲聊一阵后，明哲妈妈随口问道：

明哲上学期在学校的表现怎么样？

明哲非常聪明，学得很快，但就是有些贪玩，上课有时候很容易分心，作业也完成得不够及时。

明哲妈妈闻言仿佛找到了知己一般，吐槽说：

您说得可太对了，我们在家也是头疼不已。每天放学回家，明哲书包随便一甩就开始玩，每天晚上做作业都要我催他，有时候还做不完，经常熬夜。可一熬夜，第二天又起不来，真是恶性循环啊。

场景回放

明哲爸爸见状也附和说：

而且，他还特别喜欢玩游戏，周末一玩就是一整天，我们说了多少遍也不听，真是拿他没有办法。

眼看家访马上就要变成“吐槽大会”，班主任急忙止住话头，安慰道：

现在的孩子都是这样，你们不用太烦恼，等孩子长大一点儿，懂事了就会好很多。

明哲的爸爸妈妈闻言不禁叹了口气。

家访≠“吐槽大会”

当班主任在家访时聊到孩子的表现问题时，一些饱受孩子“折磨”的家长仿佛找到了宣泄的出口一般，将对孩子的不满和无奈一股脑全部倒了出来。可正所谓说者无心，听者有意，实际上，孩子绝非这般一无是处，但在对孩子不够了解的班主任看来，家长的“吐槽”相当于给孩子打上了很多对其不利的标签。如果此时孩子在场的话，势必会让他在班主任面前抬不起头，他甚至还可能因这一次的打击变得自卑、内向起来。

既报喜也报忧

家访是一个非常珍贵的家校沟通机会，家长一定要以积极的、客观的态度来讨论孩子的成长和教育问题。一般来说，家长需要与老师共同聚焦于孩子的优点和进步，用正面的语言构建孩子的形象。这有助于增强孩子的自信心，也能让班主任看到孩子的闪光点。

但需要注意的是，家长也不能一直鼓吹自家孩子的好。任何人有优点也会有缺点，这样才会显得真实。因此，对于孩子在生活或学习中遇到的问题，家长也应如实反映，开放而诚恳地讨论可能存在的挑战与成长空间。不过在表达过程中还需避免使用过于消极的词汇，只要能让班主任意识到问题即可。

因此，当班主任询问孩子的在家表现时，家长要秉持尊重与合作的原则与之沟通，同时避免任何形式的“吐槽”或负面评价。这样的交流不仅能够增进家校之间的理解与信任，更能为孩子营造一个更加积极、健康的成长氛围。

话术建议

1. 正面表现

“孩子在家学习特别认真，而且态度很端正。”

“她现在很少哭了，情绪很稳定。”

“这孩子平时特别活泼，和谁都能玩到一块儿去。”

家长在与班主任沟通时，可以简短地介绍一些孩子在家中的正面表现，比如学习态度、生活习惯或兴趣爱好等。这样既能让班主任看到孩子的闪光点，又能营造一个积极、和谐的交流氛围。

2. 具体事例

“他每天晚上不用家长催促，吃完饭自己就回房间写作业了，非常自觉。”

“有一天，她回家晚了，她爸爸狠狠地批评了她，如果放在以前的话，她肯定会哭得稀里哗啦的，现在倒是坚强了不少。”

“之前他在小区球场踢球，还交了几个大人球友，几个人经常一起约着去踢球。”

家长在反映孩子的某个表现时，尽量用具体的事例来支撑自己的观点。比如，介绍孩子学习态度好，就要描述一些自觉完成作业，预习功课等事例，这样要比笼统的描述更具说服力。

3. 不足之处

“他学习非常用功，但有时候看书会看到很晚，我担心这样会影响他的休息。”

“我感觉她现在不太爱和父母沟通，有心事也不说。”

“他这种性子有时候会不懂得什么是分寸，很容易惹到别人。”

除了正面表现，家长也应该坦诚地反映孩子在家中的不足之处，但需注意语气和方式，最好可以和孩子的正面表现联系在一起。这样的反馈既指出了问题，又没有过分指责孩子。

4. 寻求建议

“您觉得要不要去干涉他这种习惯，会不会打击他的学习积极性？”

“依您看，是不是我们平时把她管得太严了？要不要和她谈一次？”

“我现在也不敢和他讲这件事，担心他会产生自卑心理，您觉得我该怎么办？”

在反映情况的同时，家长可以主动向班主任询问对于孩子这些问题的看法和建议。这种提问能展现家长的合作态度和对班主任专业意见的重视。

家访过程中的禁忌有哪些

情景再现

家访是老师了解学生家庭环境、生活习惯以及与家长建立互信关系的重要环节。家长在沟通过程中一定要注意自己的措辞，以免触犯某些禁忌，给班主任留下不好的印象。

场景回放

班主任去海涛家中进行家访时，是由海涛爸爸接待的。班主任一进门就看见房间里烟雾缭绕，海涛爸爸还拿出一根烟递给班主任，班主任礼貌地拒绝了，并说明了自己的来意。海涛爸爸点燃香烟自顾自地吸起来，对班主任说：

孩子大了有自己的想法，我们是管不了了。

班主任尴尬一笑，说道：

毕竟孩子还小，咱们做父母和老师的还是要多引导他们。

那以后还要您多费心了。我一会儿还要出门，您看……

班主任见对方下了逐客令，只好离开了。

一般情况下，家长在接待班主任家访时，都会注意礼节问题，但在言语沟通中难免有些疏漏。其实，有些话是不适合讲给老师听的，家长一定要引起重视。

推卸责任的话不要说。比如，“孩子以后就交给您了，您该说说，该骂骂”“平时都是爷爷奶奶带孩子，我确实不太了解”，这些话虽然体现了家长对班主任的信任，却有推卸责任的意味，很容易引起班主任的反感，毕竟班主任进行家访就是想要与家长达成共识，精诚合作教育孩子。

找借口的话不要说。比如，“您不知道，我工作太忙，如果无法出席家长会、运动会之类的集体活动，还希望您能谅解”“我一直在外地，不怎么在家，如果我以后我这边有照顾不到的地方，还请您多担待”。问题还没发生，家长就先为自己找好理由，等同于不重视孩子的学习和教育。这些话在班主任看来，不是理由，而是借口。

批评孩子的话不要说。比如，“他呀，太淘气了，我们根本就管不了他”“不得不说，他脑子太笨了，很多简单的题都做不上来”。当着老师的面批评或贬低自己的孩子，不利于未来孩子与班主任相处。在家访中聊到孩子的缺点是很正常的事情，但家长在介绍时要保证客观，避免单一维度的负面评价。

强迫孩子表现的话不要说。比如，“快来给老师跳一下你刚学的舞蹈”“他唱歌可好听了，大宝，来给老师唱个歌”。有些家长为了让孩子给自己争脸面或让孩子积极表现，会强迫孩子在老师面前表演。可实际上孩子内心并不愿意这样做，同时，班主任心里也不赞成这种行为。

恳求特殊照顾的话不要说。比如，“希望老师以后能多照顾一下孩子”“孩子平时不会自己吃饭，希望您到时候能帮忙照看他”。班主任在家访中最害怕的事情就是被要求关照孩子，尤其涉及一些具体的事项。如果没有特殊原因，老师通常不会满足家长的这些要求。

不文雅的话不要说。比如，“老子当年上学的时候根本就不用家长送，现在的孩子越来越娇气了”“我家孩子特别混，和他爸爸一样，简直是一个模子里刻出来的”。有些家长习惯说脏话，经常时不时地从嘴里蹦出几个脏字，但与班主任沟通时，一定要格外注意措辞，即使班主任理解且尊重家长的习惯，但心中还是会不喜欢这种行为。

过分自夸的话不要说。比如，“我家孩子下棋特别厉害，小区里的很多大人都下不过他，我都考虑是不是让他进专业队试一试”“他从小就懂事，很多事不用我们说他都会做得特别好，以后您班上有什么事也可以找他，保证给您办得漂亮”。班主任不反感家长夸自己孩子，但不喜欢过度夸耀，因为有些事情在班主任听来根本就是不可能的事情，家长说这些大话很容易给班主任留下不好的印象。

与家访无关的话题不要说。比如，“看您挺年轻的，您结婚了吗”“您买房子了吗？最近这房价可涨得太厉害了”。在沟通过程中，家长要尊重班主任的隐私，避免涉及那些与家访目的无直接关联的个人问题，如老师的家庭情况、婚姻情况等。

强行留客的话不要说。比如，“这马上就到饭点了，吃了饭再走吧，好不容易来一次，听我的，吃了饭再走”“今天中午就不要走，我爱人已经在饭店定了包间，您好歹也让我们尽一尽心意”。尽管家长的热情好客是出于善意，但强行要求班主任留下用餐可能会让其感到不自在或有所为难。为了避免造成尴尬或不便，家长应当尊重班主任的意愿和时间安排，避免使用过于强硬或不容拒绝的表达方式。

话术建议

1. 感谢

“感谢老师对孩子的悉心教导和关心，作为家长，我们会努力配合学校做好工作。”

“谢谢您对我家孩子的鼓励和帮助，相信在您的教导之下，他一定能变得越来越优秀。”

“感谢您在百忙之中抽出时间来进行家访，我们倍感荣幸。”

家访中与班主任沟通时，家长表达感谢之情的话是绝对不会出错的。一句“非常感谢您对孩子的关心与教导”，就能让班主任感受到家长的认可与尊重。因此，在谈话之初，谈话过程中，谈话结束时，家长都可以用真诚的话语向班主任表达谢意。

2. 认可

“孩子的每一点进步和成长，都离不开您的引导和教育。”

“您对孩子的付出真是无微不至，我们看在眼里，暖在心里。”

“孩子的每一点进步都凝聚着您的心血和汗水。”

每个人在内心深处都喜欢听到认可的话，班主任也不例外。家长们担心在家访中说错话时，不妨说一些认可班主任工作的话，这不仅能够增进彼此之间的情感联系，还能够营造一个良好的沟通氛围。

part 4

开家长会，如何和班主任沟通

受邀参加家长会，家长应积极配合班主任，以尊重、理性、合作的态度参与其中，并借此机会询问孩子在学校的学习、行为、社交等方面的表现，并针对孩子的不足寻求建议。

家长不能参加家长会，怎么跟班主任请假

情景再现

很多家长因工作、家庭或突发情况无法参加孩子的家长会。在这种情况下，家长需要采取一种既能尊重学校教育，又能维护亲子关系的方式主动向班主任请假，才不至于在其心中留下不好的印象。

场景回放

学校通知开家长会时，小磊妈妈正好接到出差的通知。因为平时工作繁忙，已经错过小磊上次的家长会，她内心很是挣扎，这次如果再不去，班主任是不是会认为她对孩子不够重视？犹豫再三，她还是给班主任发了一条信息：

王老师，您好！因工作原因，我将无法参加明天的家长会。我深知家长会对孩子的重要性，也明白您为此付出宝贵时间，做了充足的准备。对于缺席，我深感抱歉。您方便的时候，我会和您单独沟通，了解家长会的主要内容和您对孩子的指导建议。我会尽力配合学校的工作，监督孩子的每一步发展。

场景回放

班主任很快回复了，对小磊妈妈的难处表示理解：

没关系的，在外上班难免会遇到各种情况，这次来不了，下次有机会再来。最近小磊的进步很大，尤其是数学，成绩非常好，我们老师都非常看好他。

老师的一番话让小磊妈妈悬着的心稍放了下来。

家长不愿参加家长会的原因

第一，时间冲突

家长会时间与许多家长的工作时间冲突，可能需要请假或调整工作安排，这给他们带来了额外的负担和不便。

第二，孩子成绩不佳

当孩子成绩不佳时，家长认为参加家长会可能会让自己感到尴尬，担心在老师或同学家长面前失去面子。

第三，工作繁忙

一些家长因为工作繁忙，无法抽出时间参加家长会。他们可能需要在工作和家长会之间做出选择，而家长会往往成为被牺牲的对象。

第四，不重视

有些家长可能认为自己对孩子的教育情况已经足够了解，家长会只是形式主义，对孩子的学习促进作用实际帮助不大。

第五，心理压力

在家长会上，家长之间可能会比较孩子们的成绩和才能，这给一些家长带来压力。他们可能更倾向于私下与老师交流，而不是在家长会上进行比较。

第六，厌倦学校活动

一些家长可能因为频繁的家长会和其他学校活动而感到厌倦，认为这些活动并没有实质性地帮助到孩子的教育。

其实，这些家长对家长会的理解存在偏差，未能充分认识到其重要性和价值。家长会不仅仅是一个简单的信息通报会，还是家长与老师之间建立联系、深入交流孩子全面发展的重要平台。

参加家长会的意义

家长会的举办有助于班主任了解孩子的家庭氛围。每个孩子的成长环境都是独一无二的，这直接影响了他们的性格、学习习惯以及未来发展的潜力。仅靠平时的交流，班主任无法深入了解孩子的家庭状况。通过家长会与家长面对面地交流，班主任能够直观地感受到家长的教育理念、文化背景以及他们对孩子教育的重视程度和辅导能力。这种深入了解有助于其更准确地把握孩子的成长需求，理解他们在家庭环境中的行为表现和心理状态。

同时，家长会也有助于家长了解孩子的在校学习情况。比如，孩子上课是否认真听讲、发言是否积极、作业完成情况，各科考试成绩在班里是什么名次等。在家长会上，班主任会把孩子这些情况逐一进行介绍和细致分析，使家长对孩子在校学习情况更加了解，这对家长配合学校教育孩子很有帮助。

此外，在家长会上，各科老师都会与家长见面，就本学科的学习注意事项进行讲解，比如，孩子容易犯什么样的错误，如何避免这些错误，出现问题后家长应该如何补救等。通过家长会，家长可以明确孩子下一步的努力方向，避免走弯路，使家庭教育更加有的放矢，收到事半功倍的效果。

当家长确实无法参加家长会时，通过以下话术，可以更好地和班主任沟通。

话术建议

1. 致歉

“真不好意思，本来答应您去参加家长会，但我可能去不了。”

“非常抱歉，家长会那天我应该无法到场了。”

家长受邀参加学校家长会，如果无法到场，要第一时间告诉班主任，并因无法参加家长会道歉，这既是家长对老师的尊重，又是家长应有的礼节。

2. 解释缘由

“公司临时委派我出差，时间上怕是来不及了。”

“孩子奶奶生病了，需要我照顾，我可能抽不出来时间去了。”

合理的解释既诚恳又具体，能够让班主任了解家长的情况，并感受到家长对孩子教育的重视和对老师工作的尊重。

3. 替代方案

“等家长会那天，我让孩子爷爷代替我去一趟吧。”

“如果有什么事情，您方便的时候，我打电话再跟您沟通。”

家长给出一个替代方案，是对学校工作的支持。如此，班主任基本上不会再因家长失约而产生厌烦的情绪。

家长会被邀请发言，如何回应

情景再现

对家长而言，自己在家长会发言是一个展示教育理念、增进家校合作、促进孩子成长的宝贵机会。当家长收到家长会发言邀请时，一定要慎重对待，最好提前与班主任沟通发言的个中细节，以免出现不必要的疏漏，影响最终的效果。

场景回放

家长会之际，海超爸爸突然接到了班主任的电话。班主任在电话中说道：

海超爸爸，您好，过几天学校就要开家长会了，鉴于海超在学校的良好表现，我希望您能作为家长代表上台发言，分享一下教育经验，您觉得怎么样？

海超爸爸正在和朋友聚会，有些漫不经心地回答：

发言？没问题，到时候我上台前您告诉我一声就行了。

场景回放

班主任欲言又止，可一想到海超爸爸自信的语气也就放下心来，挂断了电话。家长会当天，海超爸爸忘记了上台发言这回事，完全没有准备，再加上面对众多家长和老师，心里有些紧张，他的发言有些语无伦次，想要分享孩子在家的学习状况，可一会儿讲孩子的作业完成情况，一会儿又讲孩子对晚餐的挑剔。

台下的家长们面面相觑，听得一头雾水，而老师们则是礼貌地微笑着，期望他能回到正题。然而，海超爸爸的发言似乎失去了控制，最终在一片尴尬的沉默中结束。虽然事后班主任并未提及此事，但海超爸爸深感懊悔，责怪自己没有提起足够的重视。

家长发言的准则和标准

家长发言是家长会中非常重要的一个环节，主要目的是让学校和老师与家长代表针对学生的教育理念进行沟通。虽然有时候家长发言会流于形式，但这并不意味着家长上台想说什么就能说什么。家长发言也有自己的准则和标准。

通常来说，家长的发言主要围绕教育、学生和家庭等方面展开，比如，对学校教育和管理工作的看法、对学生学习和发展的关注、对学校举办集体活动的建议等。同时，家长也要注意措辞和态度。而学校和老师通过聆听家长代表的发言，能更好地了解学生的家庭情况，以及家长对于学校教育的看法和意见，这对于改进教育工作、完善学校管理有很好的借鉴作用。

应对发言邀请的方式

对家长而言，自己被班主任邀请发言是一次难得的机会，同样也是一次挑战。因此，家长面对发言邀请通常持有不同的态度。一些家长认为自己能获得这个机会是凭孩子的努力，而自己不能辜负孩子，因此对这件事非常重视。可大多数家长对于学校管理、家庭教育只停留在概念上，即使内心有一些想法，也不敢保证发言是否有建设性。为此，家长如果打算接受老师的发言邀请，一定要提前与班主任沟通，询问对方关于发言内容的意见，确保发言环节万无一失。

有一些家长则不喜欢抛头露面，会在收到发言邀请时果断拒绝。但拒绝也需要技巧，要给出合适的理由，并表达歉意，不能直截了当地拒绝，否则会有失礼节，也会给班主任留下不好的印象。

一般情况下，在家长会上发言的家长，他的孩子不管是学习成绩，还是课堂表现，都是比较出色的。有时候，一些孩子成绩差的家长也会被邀请发言，但往往这些孩子的家长会将这种邀请视为羞辱，但实际上，这是班主任给予家长的一次宝贵沟通机会。家长可以在发言过程中尽可能地表达自己对于教育的疑惑，让各科老师和诸位家长帮忙分析原因，并借机寻求老师和学校的帮助。因此，不管家长是否接受邀请，都不要对老师的动机产生误会。

话术建议

1. 委婉地拒绝

"感谢您对我家孩子的肯定，也感谢您给我这个机会，但由于本人不善言辞，有比较严重的'社恐'，实在适应不了那种场合，还请您见谅。"

"非常感谢您对我的认可和信任，但我近期的时间安排有些紧凑，恐怕很难抽出时间来准备一篇既全面又有启发的发言材料，担心会影响家长会整体的效果，还请您海涵。"

在家长会上，班主任通常会邀请学习成绩优异的孩子家长上台发言，这种邀请是对孩子及家长所代表的家庭教育的认可。如果家长因个人原因想要拒绝发言，言辞一定要委婉并表达出自己的歉意。

2. 讨论发言内容

"您觉得我在发言时着重谈一下自家孩子的学习习惯怎么样？"

"关于家长会发言，我没有什么思路，您能给我一些建议吗？"

作为家长代表上台发言，并不是简单地说几句场面话，一定要言之有物。在接到邀请之后，家长最好和班主任讨论一下发言内容，如果实在不知道说些什么，可以适当询问一下班主任的意见，确保发言效果。

3. 询问注意事项

"在发言时，我需要注意哪些事？发言时间有什么要求吗？"

"我的发言稿有没有需要注意的地方，哪些话不能说，哪些话可以说？"

为了保证发言的整体效果，家长需提前询问发言中的禁忌，避免在发言过程中出现不当言论，使场面变得尴尬。家长越是用心关注细节，越能体现自己对该事情的重视。

家长会，班主任让家长提建议，怎么说

情景再现

在家长会上，家长不只是听众，更是参与孩子成长的重要角色。当班主任让家长针对孩子未来成长发表看法提出建议时，家长一定要注意自己的措辞，语气要委婉，可谦虚表达一下自己的观点和看法。

场景回放

家长会上，班主任对所有学生家长说道：

家校是一体，为了提高教学质量和教育环境，希望诸位家长们提出自己的宝贵建议，请大家畅所欲言。

话音刚落，丽华的爸爸就急不可耐地站了起来，说道：

在座的各位老师，我们对诸位一直以来的辛勤付出和孩子们的成长进步深表感激。但是我也发现了一些问题，比如，学校的午餐种类太单一了，我家孩子一直和我说学校的午餐难吃，没有自己喜欢的菜，这一点还希望学校能够改进。

场景回放

还有就是学校的课外活动太少了，孩子们不能只埋头学习，应该着重培养孩子们的综合素质。

除了这些，还有学校和家长之间的沟通效率太差了，我希望学校能定期举办家长交流会，让我们能更多地了解孩子在学校的情况。不然，学校也可以建一个网站或 App，这样家长们就能更好地关注自己的孩子了。好了，就这些吧。

等丽华的爸爸坐下后，班主任的表情略微有些尴尬，但还是继续邀请其他家长畅所欲言，为学校积极献策。

家长发言的常见错误

第一，盲目建议。一些家长在提建议时，仅凭个人主观感受或道听途说，就侃侃而谈，说什么“作业太多”“某个老师太过严厉”之类的话。家长在提出任何建议前，应该先通过与孩子深入交流，观察班级氛围，查阅相关资料等方式进行调研，确保建议有理有据，既符合实际情况，又能切实解决问题。

第二，语气强硬。一些家长习惯用指责或命令的语气说话，在提建议时也会出现这种情况。比如，“你们必须减少考试次数”“这个规定不合理，马上改”。家长在发言时应该采用建设性、合作性的语言，并时刻保持礼貌与尊重。

第三，泛泛而谈。家长在提建议时话题跑偏，从学习问题谈到生活琐事，甚至个人见解，忽略了家长会的核心议题。家长在决定提建议之前，必须明确自己的建议与家长会主题紧密相关，并在发言时简洁明了地阐述观点。

第四，不切实际。一些家长在提建议时会带入个人情感，完全不考虑建议的合理性。比如，试图代替学校或老师做决定，直接要求更换老师、改变教学计划等。家长应该清楚即使家校合作，也要明确各自的职责及边界。作为家长，应更多地提供支持和建议，而非直接干预学校的具体管理。

因此，家长在家长会上提建议时，如果想让建议真正发挥作用，就要避免上述错误，以更加理性、尊重、合作的态度参与其中。

话术建议

1. 以感谢开场

“首先，非常感谢学校的诸位领导、老师对孩子们的辛勤付出和悉心教导。”

“我代表所有的家长，对老师们辛勤的付出表示最诚挚的感谢。”

“感谢老师们的辛勤付出和无私奉献，在老师们的耐心指导和悉心关怀下，我们的孩子才能有这么大的进步。”

家长以感谢开场，既表达了对诸位老师工作的高度尊重和认可，又向在座的家长们传递了一个积极的信息，即家庭教育应与学校教育相辅相成。同时，感谢的话语能够迅速拉近家长与诸位老师之间的距离，为后续的交流创造一个温馨、和谐的氛围。

2. 聚焦孩子成长

“我觉得每个孩子都有自身独特的学习方式和节奏，我建议老师们是不是考虑一下多多关注孩子们的个体差异，尽量进行因材施教。”

“如今孩子们的压力越来越大，我建议学校要及时加强心理健康教育，保证孩子们的心理健康。”

“现在孩子们埋头学习的时间太长，我建议学校多组织一下课外实践活动，让孩子们在实践中学习。”

家长在提出建议时，需要聚焦孩子们的成长。这样做不仅体现了家长对孩子教育的深切关注，也确保了建议的针对性和实效性。需要注意的是，家长提出的建议一定要结合实际，注重可操作性，避免说一些不切实际的话。

家长会结束，怎么找班主任单独沟通

情景再现

每当家长会落下帷幕，有些家长会犹豫：是否应该趁着这次沟通的机会，继续与老师进行面对面的沟通？其实，家长与班主任见面的机会本就不多，家长大可不必犹豫，果断抓住这次沟通机会，把握家校共育的每一个细节。

场景回放

家长会结束后，大部分家长已经离开了教室，晓明妈妈却特意留了下来，脸上带着既期待又略显紧张的神情，走到班主任面前，问道：

王老师，您好，我是晓明的妈妈，刚才在家长会上听您提到了晓明最近的一些情况，我想和您详细聊聊。

班主任微笑着点头，并引领她来到了办公室。双方落座后，晓明妈妈诚恳地谈起了自己对孩子近期学习状态的担忧。

您说，我家晓明的心理会不会出问题啊？

场景回放

您多虑了，他最近只是有时候喜欢和自己较劲，比如，做数学题时一定要做出来，我稍后会开导开导他的。他在课堂上的表现还是有待提高，偶尔会出现注意力不集中的情况。

晓明妈妈认真倾听，不时点头，眼神中满是对孩子教育问题的重视，坦诚地说：

其实，我们也注意到了他最近有些心不在焉，可能是面对升学有些焦虑。

随后，两人共同探讨了帮助晓明克服困难的方法，从调整学习计划到增强自信心，再到家庭与学校如何更紧密地配合，每一条建议都凝聚着对晓明未来的期望与关爱。

深入对话不可或缺

每个孩子都是独一无二的个体，他们的学习状态、心理变化、兴趣特长等，往往难以在集体场合全面展现。家长会后的单独交流，为家长提供了一个深入了解孩子在校表现的窗口，也让班主任有机会针对孩子的具体情况提出个性化建议，实现家校共育的精准对接。

同时，家长与班主任面对面的沟通，能够加深家校之间的情感联系，增强彼此间的信任感。家长的真诚询问，班主任的耐心解答，都是构建良好家校关系的重要一环。这种信任与理解，将为孩子营造一个更加和谐、支持的学习环境。

此外，孩子学习或行为上的小问题，若不及时发现并干预，很可能演变为大障碍。家长会后的交流，就像是一次“问题排查”，让潜在的问题无所遁形，家校双方携手合作，共同寻找解决方案，将问题消灭在萌芽状态。

单独沟通的注意事项

在与班主任交流前，家长可以先梳理自己在家长会上的疑问和关注点，列出想要讨论的具体事项。这样既能确保交流的高效性，也能让老师感受到家长的重视与用心。交流过程中，家长应保持谦逊态度，尊重班主任的专业意见。同时，积极倾听老师的反馈，适时提问，确保双方信息畅通无阻。

在面对班主任的建议或批评时，家长应保持开放心态，将其视为孩子成长的契机。家长应与班主任共同探讨解决方案，而不是简单地接受或拒绝。家校合作，本就是一场基于理解与支持的旅程。

话术建议

1. 询问孩子在校表现

“最近小志的学习状态怎么样？上课会不会积极回答问题？”

“小玲在班里敢于和同学说话了吗？”

家长的问题可以集中在孩子在课堂上的参与度、作业完成情况、与同学间的相处情况，以及孩子近期有哪些进步，是否存在需要改进的地方。

2. 探讨学习策略

“晚上回家后我会让小志多做一套数学题，您觉得这样安排会不会累到他？”

“您觉得以目前小志的学习基础，应该做哪些调整？”

家长积极与老师分享孩子放学后的学习安排，并针对孩子的学习特点向老师请教专业的学习方法和策略。

3. 家校合作

“前段时间，我比较忙，没有太关注孩子的学习，今后如果您觉得孩子有哪方面的问题，可以电话联系我。”

“我给您留一个电话号码吧，以后有什么问题，您可以直接联系我。”

家长确认家校之间的有效沟通方式，让班主任在发现问题后能直接联系到家长，以便保证孩子拥有一个稳定和谐的教育环境。

4. 个性化关注

“最近我发现小飞学习的积极性不高，您觉得我们该怎样鼓励他一下？”

“凯凯这孩子脾气很不好，动不动就生气，如果他给您添麻烦了，您随时和我说。”

“小梅性格比较敏感，爱哭，我们想帮他改善一下，您有什么好建议吗？”

如果孩子有特殊的学习需求或心理状况，家长可以趁机与班主任沟通，寻求专业的支持和帮助，比如，如何更好地鼓励孩子，激发其学习动力和自信心。

5. 未来规划

“现在小升初摇号了，我们想上私立中学。但私立学校有好几所，我们也不太了解，想听听您的意见。”

“我家孩子比较喜欢画画，一直在上美术课，中考想走艺术考生，您有推荐的学校吗？”

借助班主任深厚的专业素养和广泛的教育视野，家长与班主任可以共同为孩子规划出一条符合个人发展的未来道路。

Part 5

向班主任了解情况，怎么沟通

家长在向班主任了解孩子的情况时，需给予对方应有的尊重，同时表达出自己对孩子成长的关心和重视。当班主任分享信息时，家长要认真倾听，并适时给予反馈，沟通结束后，要及时向班主任表达感谢。

比较敏感的成绩和排名，怎么问

情景再现

孩子在学校的成绩和排名，是家长们主要关注点之一。当考试结束后，家长若想了解自家孩子的成绩以及班级上的排名，可以直接询问班主任，但在开口时也需要注意一些细节问题。

场景回放

期末考试结束后不久，玉涛妈妈给班主任打去电话，问道：

王老师，您好，请问这次的考试成绩出来了没有？

已经出来了。

妈妈紧张地问道：

玉涛的成绩怎么样？在班上排第几？

玉涛这次考试总分 497 分，班级排名 23 名。

场景回放

那王超呢？他考了多少分？

王超总分 543，班级排名 12 名。

妈妈叹了口气，说道：

两个孩子之前成绩差不多，怎么现在玉涛落下人家这么多？

您不要担心，孩子是有进步的。

唉，看看人家的孩子，再看看自己家的，真是不争气。

在学习过程中，每个孩子都有自己的步调，家长盲目比较孩子的成绩很容易挫伤孩子的自尊心和积极性。同时，这种问题也会让班主任陷入难以回答的尴尬境地。

关注孩子的进步和努力

考试成绩是衡量孩子学习效果的一个方面，但它并不能全面反映孩子的学习情况。相较于单一的成绩，家长应当将更多的目光聚焦在孩子的进步和努力上。每个孩子都是独一无二的，他们有着不同的兴趣、天赋和学习节奏，也许孩子无法在考试中取得耀眼的分数，但他们可能在其他方面展现出惊人的潜力和热情。

家长们要学会跳出分数的束缚，用更加全面和长远的眼光去看待他们的成长。比如，孩子解开了一个难题，掌握了一项新技能等，这些都是值得庆祝的进步。而这些进步不仅仅是孩子知识层面的积累，更是孩子心智成熟、自信心增强的体现。家长应该学会捕捉这些瞬间，让孩子感受到自己的每一次努力都被看见、被认可。

询问考试成绩的三大忌讳

第一，急功近利，只问分数不问过程。

比如，“老师，我家孩子这次考了多少分？是不是退步了”。单纯地关注分数容易让孩子和家长陷入焦虑，忽视了学习的本质——过程与成长。在询问过程中，家长要全面了解孩子的学习状态，这样才能展现家长对孩子全面发展的重视。

第二，缺乏尊重，质疑班主任的教学能力。

比如，“老师，我家孩子以前成绩挺好的，怎么到您这就下降了”。家长质疑班主任不仅无助于解决问题，还可能影响家校关系。家长如果想知道原因，最好以建设性的态度提出疑问，这样更能激发班主任的积极性和责任心。比如，“我注意到孩子的数学成绩一直上不去，想请教您是否有特别的学习方法或建议？”

第三，情绪化表达，影响沟通氛围。

比如，“老师，我这次真是气死了，孩子怎么考成这样”。情绪化的表达不仅不利于问题的解决，还可能给孩子和班主任带来不必要的压力。无论孩子的成绩如何，冷静而理性地沟通更能有效地解决问题。

除了以上禁忌，家长在与班主任沟通时还要注意不要侵犯其他孩子的隐私，如询问某位孩子的成绩，尤其是在班主任不方便提供时，不要要求得到班级具体的排名列表。

同时，在与班主任沟通时可以在合适的时机表达愿意与班主任建立长期、积极的沟通关系，共同关注孩子成长的意愿。

如果班主任没有第一时间接通电话，家长也要理解教师可能因工作繁忙而无法立即提供信息，家长要耐心等待并表达感谢，不要一沟通就带着情绪。

话术建议

1. 询问成绩

“请问孩子最近一次的考试成绩怎么样？”

“这次考试，孩子的主要科目成绩怎么样？”

“您能分享一下孩子最近考试的各科成绩吗？”

家长在向班主任询问孩子的成绩时，不必有太多顾虑，直接开门见山，表示自己想要了解孩子在考试中的成绩。

2. 询问排名

“老师，我想要了解一下孩子在班级和年级中大致的排名情况。”

“我家孩子这个成绩在整个年级中大概能排到多少名？”

“这次考试，孩子的总分在班级中排多少名？”

家长在询问孩子的成绩排名时，要注意一点：名次只代表孩子在整个学生群体所处的层级，并不意味着孩子没有进步，或者成绩太差。在得知孩子名次后，要避免和班主任吐槽孩子。

3. 学习效果

“相比上一次考试，您觉得孩子最近有进步吗？”

“数学一直是孩子的弱项，经过这段时间的努力，效果怎么样？”

“您觉得以他现在这个成绩，哪些方面还有需要学习和改进的地方？”

家长与班主任一同探讨孩子的学习效果，而不是一直纠结孩子的成绩和排名，会让班主任觉得家长更加重视孩子的个人成长和努力，而非仅关注孩子的成绩和排名。

发现孩子情绪不佳，怎么跟班主任沟通

情景再现

在生活中，孩子偶尔会出现情绪不佳的状态，也许会持续几天，也许长达数周，这种时候非常令人担忧。作为家长，在遇到这种情况时，如果无法从孩子口中得知具体缘由，就要尝试与班主任建立沟通，从对方身上获得答案。

场景回放

一天，妈妈发现乐乐放学回家后有些闷闷不乐，起初她并未在意，可一连几天皆是如此，整个晚上都难见孩子的笑脸。于是，妈妈询问乐乐是不是遇到了什么困难，但乐乐矢口否认。妈妈见在孩子身上问不出答案，立刻拨通了乐乐班主任的电话：

王老师，最近乐乐是不是被学校的老师批评了？

班主任一头雾水，忙问道：

没有啊，最近他表现一直挺好的，出了什么事？

场景回放

最近一段时间乐乐一直闷闷不乐，问他也什么都不说，我担心他在学校里被欺负了，不敢和家里说。

这样吧，我去问一问班上的孩子，尽快给您答复。

好吧，那您记得尽快给我回电话。

乐乐妈妈在与班主任沟通时犯了两个常见的错误，而这也是很多家长在与班主任沟通的通病。第一，在不了解具体缘由的情况下妄加猜测，并下意识将孩子不开心的原因归咎于学校；第二，在与孩子沟通无果后，带着负面情绪与班主任沟通，摆出一副兴师问罪的架势。这两种行为都是不可取的，很容易引起班主任的反感，即使对方表面依旧平和，内心也会感到不喜。

错误引导带来的误判

当家长见到孩子情绪低落时，他们通常会急于了解孩子不开心的原因，但碍于表达习惯或担心孩子无法将事情讲清楚，在与孩子沟通时，他们会下意识做出一些引导，比如：“今天有没有和同学打架”“是不是表现不好，挨老师批评了”，这些问题很容易让孩子陷入负面的思考，想起一些让自己不开心的事情，也许是很久之前与同学的摩擦，也许是因犯错被班主任批评，并针对这些提示给出答案。如此一来，家长就会产生误判，认为最近孩子情绪低落就是由这些事情导致的，然后好言宽慰一番就作罢，从而忽略孩子情绪低落的真正原因。

同时，家长带着这样的误判在与孩子班主任沟通时，也会受到误判的影响，将孩子反馈的答案或结果讲给班主任听，班主任在不了解前因后果的情况下，也只会顺着家长提供的想法进行处理。

情绪化沟通

一些孩子在情绪低落时，通常会拒绝与家长交流。这在孩子中是一种十分常见的现象。对于性子急的家长来说，他们无法容忍孩子的沉默，习惯打破砂锅问到底，最后因为越是得不到答案，情绪就越激动。于是，家长会产生不好的联想，误以为孩子受到了“威胁”，将矛头直指学校。在情绪的影响下，家长与班主任沟通时，往往就容易失了分寸，即便他们能在语气上稍加控制，也会在措辞上明显带有质问，让班主任遭受无妄之灾。

家长和班主任作为孩子教育过程中最重要的两个人，彼此之间并不存在谁为谁服务的关系。在不了解具体情况的前提下，家长在与班主任沟通时必须以平等的态度对待他们，而不是一沟通就开始问罪和埋怨。

话术建议

1. 指出自己的发现

“我发现乐乐最近放学回家总是闷闷不乐，做什么都提不起兴趣，您觉得是不是最近他学业压力有点大？”

“这几天乐乐回家后一直没个笑脸，也不愿和我们说话，我也不知道是怎么回事？您知道出了什么事吗？”

在与班主任沟通之前，家长需细心观察孩子的日常行为变化，包括情绪波动、学习兴趣增减、社交活动情况等迹象。然后要选择一个合适的时机，将孩子最近具体的行为表现告知班主任，最好能提供一两个具体的事例，帮助班主任更直观地了解孩子的状况。家长在沟通时一定要避免使用模糊或笼统的语言。

2. 班主任知晓原委

“不好意思，给您添麻烦了。原来是您指出了他的错误，那您看我们这边有没有什么可以配合您的？需要和孩子说些什么？”

“原来是和同学之间有些小摩擦，没出什么大问题就好，我这边会和他沟通一下，让他以后和同学好好相处。这么晚了还打扰您，真是抱歉。”

如果家长从班主任口中得知了事情的原委，这件事就应尘埃落定，并及时结束沟通。无论是大事还是小事，此时都不宜与班主任争论事情的对错。同时，还要因打扰班主任而及时致歉。

3. 班主任一概不知

“非常抱歉，这么晚还给您打电话，那我还是去和孩子好好沟通，问题应该还是出在他自己身上。”

“真不好意思，这么晚还麻烦您，如果您听到什么消息，还请您及时告诉我。”

如果班主任对孩子情绪低落的原因一概不知，家长需第一时间向班主任致歉，同时，给出自己后续的行动措施，展示出自己解决该问题的决心，让班主任不要为此担心。

孩子和任课老师起冲突，怎么跟班主任沟通

情景再现

当孩子与任课老师发生冲突时，家长与班主任的沟通显得尤为重要。一旦处理不当，很容易影响家校关系。家长需要做的是，在事情发生后，积极地去维护师生关系，与班主任携手合作，共同为孩子营造一个和谐、健康的成长环境。

场景回放

一天，大胜在上课时调皮捣蛋，影响了课堂秩序，数学老师当众对他进行了严厉的批评，可这反而激怒了大胜，大胜当场与数学老师吵了起来，并将数学老师气走了。班主任得知消息后，立刻给大胜妈妈打去了电话，说明了事情原委。可大胜妈妈非但没有意识到孩子的错误，反而说道：

小孩子调皮不是很正常吗？老师当着那么多人的面批评他，他也很没面子啊！

班主任有些无奈，解释说：

场景回放

话虽如此，但毕竟是大胜违反了课堂纪律，老师这么做也是为了孩子好。

大胜妈妈却有些不满：

那老师也是小气，和小孩子计较这么多干吗？那您说该怎么办？

要不您明天来学校一趟，咱们当面商议一下这件事？

您知道的，我工作比较忙，不一定有时间。这样吧，您明天带着他去和数学老师道个歉，说几句好话。回头我也会批评他的。

孩子当堂顶撞任课老师，是不尊重老师的表现，如果家长在此刻选择偏袒自家孩子，很容易引起班主任的不悦，影响家校关系。

家长处理不当带来的弊端

当孩子冲撞任课老师，而家长却不以为意，选择偏袒孩子时，会造成很严重的后果。

第一，扭曲孩子的是非观念。偏袒孩子会让孩子误以为自己的行为是正确的，或者是即使不正确但也无须承担后果的。这会导致孩子的是非观念模糊，无法正确判断自己的行为是否恰当，进而可能在未来继续做出不当的行为。

第二，削弱孩子的责任感。当家长为孩子的不当行为辩护或减轻责任时，孩子会失去学习承担责任的机会。责任感是孩子成长中不可或缺的一部分，缺乏责任感的孩子难以在社会中立足，也无法承担起自己应有的义务。

第三，破坏家校关系。家长偏袒孩子冲撞任课老师的行为，无疑会损害家校之间的合作关系。学校作为教育机构，有责任维护教学秩序和师生关系的和谐。家长的不当行为可能让任课老师感到被冒犯或不被尊重，进而影响任课老师对孩子的态度和教育效果。

第四，阻碍孩子的道德发展。尊重师长是基本的道德准则。家长偏袒孩子冲撞任课老师的行为，实际上是在纵容孩子违背这一道德准则。长此以往，孩子的道德观念可能会受到扭曲，难以形成正确的价值观和道德观。

面对这一敏感问题，家长要以成熟、理性的态度与班主任进行沟通，因为这不仅关乎问题的解决，更直接影响到孩子的心理健康与未来成长。家长一定要提起重视。

话术建议

1. 诚恳致歉

"非常抱歉，今天孩子在课堂上与数学老师吵了起来，影响很不好。孩子的行为给您和班级带来了困扰，我深感自责，还请您原谅。"

"今天给您打这通电话，主要是向您道歉。孩子在课堂上顶撞老师，给您和班级带来了麻烦，我深感抱歉。"

当得知孩子与任课老师发生冲突后，家长在与班主任沟通时，需第一时间致歉，并阐明自己的责任，寻求班主任和任课老师的谅解。如此方能展现家长积极处理事情的态度，为后续的沟通奠定基础。

2. 主动给出解决方案

"我已经与孩子沟通过了，他也认识到了自己的错误，明天我会亲自带着孩子向被顶撞的老师当面道歉，到时候还请您帮孩子说一些好话。"

“在得知消息后，我已经第一时间教训了孩子，他也认识到了事情的严重性，心里非常惶恐，希望您明天能带他去和老师道歉。”

孩子作为学生，与任课老师发生冲突，无论起因如何，这种行为都是错误的。家长需要向班主任表明孩子的认错态度，并主动给出解决方案，避免让班主任在这件事上为难。

3. 做出保证

“在此我向您做出保证，日后一定会好好教育孩子，确保孩子能够改正错误，学会尊重老师，遵守纪律，也请您继续给予孩子指导和帮助。”

“从今天开始，我会更加重视孩子的品行教育，加强与他的沟通，引导他树立正确的价值观，约束他的行为。请您相信，我会与孩子一起努力，改正错误，不断进步。”

家长通过向班主任做出保证，表明了他们对教育的重视和责任感，这有助于增强家校之间的信任。而这种明确的责任划分也有助于双方在教育孩子的过程中更加有的放矢，避免推诿和误解。

孩子和同学闹矛盾，怎么跟班主任沟通

情景再现

同学之间朝夕相处，难免会出现摩擦和争执。当得知自家孩子在学校与同学发生矛盾时，家长大可不必紧张，反而可以利用这次机会，积极与班主任沟通，将这场风波转化为孩子成长的阶梯。

场景回放

小杰和同桌纪明因一件小事发生了争执，情绪激动的二人在推搡中不小心弄坏了小杰心爱的文具盒。放学后，小杰委屈地将这件事告诉了妈妈，妈妈当即给班主任打去了电话：

今天，小杰和他的同桌差点打起来，您知道这件事情吗？

我知道，同学们当时就把这件事告诉我了，然后帮他们两个人做了调解。

妈妈有些生气，问道：

场景回放

光调解就完了吗？这件事明明是纪明的不对，我要见他的家长，请您帮忙联系一下，明天我要当着他家长的面问问他为什么动手推人。

班主任安慰道：

我非常理解您的心情，刚刚我也与纪明的家长通过电话了，对方也表示会赔偿小杰的文具盒。毕竟这件事两个人都有错，您看这样处理可以吗？

妈妈咄咄逼人，说道：

不行，明天我一定要见到对方的家长。

班主任无奈，只好硬着头皮答应了下来。

如果班主任及时处理了矛盾，家长还要妄加干涉的话，无异于在挑战班主任的权威，是对班主任的不信任。尤其是在班主任并未出现有意偏袒的情况下，家长这样做难免会惹得对方心中不悦。

家长的错误反应

第一，立即责备或偏袒孩子。家长可能没有全面了解情况，就立即责备孩子或完全偏袒孩子，认为一定是对方的错。这种非黑即白的态度会让孩子学会逃避责任，也不利于他们学会如何公正地看待问题。

第二，过度干预或替代解决。有些家长可能会直接介入孩子的矛盾中，试图代替孩子解决问题，比如直接找对方家长或班主任理论，甚至要求学校给予对方孩子某种惩罚。这种做法剥夺了自家孩子学习自我解决问题和面对挑战的机会。

第三，忽视或轻视问题。一些家长可能认为孩子之间的小打小闹是正常现象，不值得大惊小怪，因此选择忽视或轻视这个问题。这种态度可能会让孩子感到被忽视或无助，无法获得必要的支持和引导。

第四，情绪化反应。家长在得知消息后，可能会因为担心或愤怒的情绪，对孩子或问题本身做出过激的反应。比如，在与班主任沟通中斥责孩子、过度焦虑或愤怒等，这些情绪化的反应不仅无助于问题的解决，还可能给孩子带来额外的心理压力。

第五，过度保护或限制社交。为了防止孩子再次受到伤害，一些家长可能会过度保护孩子，限制他们的社交活动或只让他们与“安全”的伙伴交往。这种做法虽然短期内可能减少了冲突的风险，但长期来看会阻碍孩子正常社交能力的发展。

家长正确的做法应该是在了解事情的全貌后与班主任积极沟通，一起探讨解决方案，共同为孩子的健康成长和社交发展提供支持。

话术建议

1. 了解具体情况

“今天小杰和同桌两个人吵了一架，事情闹得很大，您知不知道究竟发生了什么事？”

“孩子放学后情绪有些不对，好像是因为借橡皮闹翻了，两个人还差点动手，您知道这件事吗？”

“我看到孩子膝盖被磕破了，他说有同学把他推倒了，您了解这件事吗？”

家长需先向孩子了解情况，然后再与班主任进行沟通，并详细描述具体的事情经过以及孩子的反应，向班主任求证。在互相验证之下，得出事实真相，以免进行误判。

2. 处理措施

“小孩子之间闹矛盾是正常的，但不管谁对谁错，毕竟当时乐乐的态度很不好，我的意见是让乐乐主动和对方道个歉，两人就此和解。”

“钱是小事，但对方这个行为很不好，我觉得有必要和对方的家长聊一下，以免在孩子们中造成不良的影响。”

“这种玩闹是很危险的，当然我也不会向对方索赔，只是希望您能在班上重点讲一下这件事，让孩子们提起重视。”

家长在沟通中可以主动提出自己的处理措施及希望达到的目的，以此表明自己对这件事的重视和积极的态度。

3. 寻求建议

“孩子回家后很委屈，您觉得这样处理会不会让他认为自己做错了？您觉得应该怎么办才好？”

“在您看来，我这么做是不是显得有些小题大做了，会容易影响孩子们之间的关系？”

“您觉得我这样处理能不能起到咱们想要的效果？”

无论家长提出的处理措施多么合理，都不要忘了询问班主任的意见或建议。一方面班主任能够为家长提供专业的意见；另一方面，班主任作为这件事的最终裁定人，家长要给予对方足够的尊重。

4. 提出委托

“毕竟不是什么大事，希望您能抽时间替他们两个人调解一下。”

“就请您联系一下对方家长吧，我就不出面了，以免显得小题大做，麻烦您了。”

“关于这种安全教育的内容，您是专业的，我就不多说了，只是要辛苦您了。”

孩子之间闹矛盾，只要不是什么大事，家长基本上都不会去亲自处理，都会委托给班主任。因此，在沟通的最后，家长要向班主任展示自己的诚意，让对方感受到自己的信任和支持。

孩子住校，该怎样向班主任了解情况

情景再现

孩子在升入初中或高中后，总是免不了住校。然而，对于初尝分离之苦的家长而言，心中自然难免会牵挂和担忧。因此，一些家长会经常向班主任打听孩子的在校情况，但在听到不好的消息时一定要主动控制自己的情绪。

场景回放

琦琦住校一周后，妈妈忍不住拨通了班主任的电话，向对方了解孩子在学校的情况。起初，妈妈在听到琦琦在学习上的进步以及与同学之间的和谐相处时，内心稍稍松了一口气。可当听到孩子晚上经常失眠，且食堂伙食似乎不太合胃口时，情绪瞬间激动起来，对班主任说道：

张老师，我真的无法理解。我的孩子从小就没受过这样的苦，他晚上睡不好，吃饭也不习惯，这怎么行？你们作为老师，就不能多关心关心他的生活吗？

班主任连忙解释说：

场景回放

琦琦妈妈，我非常理解您的担忧，每个孩子都是家长的心头肉。但住校生活对孩子来说，也是一次成长的机会。我们一直在关注每位学生的身心健康，开展包括调整饮食、安排心理辅导等工作。请您相信我们，也给孩子一些时间适应。

可妈妈却不管不顾，坚持要到学校去看望孩子。班主任无奈只好答应了下来。

家庭和学校对待孩子的标准是不一样的。如果家长由于宠爱孩子，要求班主任和学校像家庭一样来照顾自家孩子，非但达不到自己的目的，还会给班主任留下无理取闹、不明事理的印象。

了解孩子在校情况如何沟通

第一，明确沟通目的。在沟通前，家长可以先思考自己想了解的具体内容，比如孩子的睡眠质量、饮食习惯、与同学的关系、宿舍纪律遵守情况等。这样可以让沟通更加聚焦，避免漫无边际的交谈。

第二，表达关心而非指责。在询问时，以关心的态度出发，避免使用指责或质疑的语气。可以说“我担心孩子在宿舍里是否适应，想了解一下他的情况”，而不是“我听说孩子怎么怎么样了”。

第三，倾听班主任的反馈。当班主任给出反馈时，家长应耐心倾听，不要急于打断或辩解。对于班主任的建议和意见，可以表示感谢，并询问是否有具体的措施或方法可以配合实施。

第四，探讨解决方案。如果班主任提到了孩子在住宿方面存在的问题，家长可以积极与班主任探讨解决方案。可以一起思考如何帮助孩子适应宿舍生活，解决遇到的问题。

第五，保持积极态度。即使听到孩子的一些不足之处，家长也应保持积极的态度，相信孩子有能力克服困难并不断进步。同时，也要向班主任传达出对孩子成长的信心和支持。

第六、后续跟进。在沟通结束后，家长可以根据班主任的建议采取相应措施，并适时向班主任反馈孩子的改进情况。这样可以形成家校共育的良好循环，共同促进孩子的健康成长。

话术建议

1. 学习状态与进度

“老师，我家孩子最近有没有上课听不懂的地方？”

“您能讲一下他在各科的具体表现吗？”

“老师，我想了解一下孩子现在的学习状态怎么样？”

学习是孩子住校生活的重要组成部分，了解孩子的学习状态，可以帮助家长及时调整家庭辅导方向，与学校教育形成良好互补。同时，也能及时发现并解决孩子在学习上遇到的难题。

2. 生活自理和适应能力

“老师，我家孩子和别的同学一起住习惯吗？有没有向你诉苦？”

“学校的作息都是严格要求的，他平时有迟到的情况吗？”

“学校的食堂怎么样，孩子吃得惯吗？”

住校意味着孩子需要独立处理日常生活琐事，这对他们的成长至关重要。了解孩子的适应情况，不仅能让家长放心，还能针对不足之处给予指导和鼓励，促进孩子成长。

3. 心理健康和情绪变化

"老师，孩子最近的情绪怎么样？有没有哭过？"

"我家孩子有些胆小，他在学校里面表现怎么样？"

"这孩子平时嘴特别碎，在学校里有没有人批评过他？"

青春期的孩子情绪多变，住校生活中的小摩擦或压力都可能影响到他们的心理健康。通过与班主任的沟通，家长能及时发现孩子的情绪变化，提供必要的心理支持和引导，避免问题累积。

4. 社交情况

"老师，我家孩子与同学们的关系怎么样？"

"孩子他与舍友们相处得好吗？"

"班上老师对他的印象怎么样？"

家长主动向班主任询问孩子的社交状况，能让他们洞察孩子在集体环境中在互动、友谊建立等方面的能力以及面对冲突时的解决策略。通过班主任的专业视角，家长可以更加全面地了解孩子社交情感的成长轨迹，从而采取更有针对性的支持措施，促进孩子健康、积极地成长。

Part 6

找班主任反映问题，怎么沟通

家长在向班主任反映问题时，需以清晰、有条理地陈述自己所观察到的问题，以客观的角度给出自己具有建设性的建议，同时接受对方给出的反馈，共同探索班级和谐、孩子进步的有效途径。

孩子在学校被欺负，怎么和班主任沟通

情景再现

当孩子在学校中遭遇学生欺凌时，那份无助和恐惧不仅刺痛着孩子的心，更让家长心如刀割。面对这种情况时，家长不仅要给予孩子关心和支持，更要懂得及时与班主任进行沟通，妥善处理相关事宜，为孩子的健康成长保驾护航。

场景回放

一天下午，永辉妈妈突然接到学校打来的电话，得知永辉在学校与人发生了争执，似乎受了很大委屈。心急如焚的她，没等听完班主任的解释，就急忙赶往学校。等她在办公室见到永辉时，永辉脸上还挂着泪珠，她顿时心疼不已，一路上积压的情绪瞬间失控，拉住永辉的手问道：

是不是有人欺负你了？打你哪了？

班主任刚想开口解释，永辉妈妈立刻将矛头指向班主任，言语之中满是责备和不满：

你说你这个班主任是怎么当的，我们花这么多钱上学，一分也不差你们的，你们怎么连孩子都照顾不好？”

场景回放

班主任见状，连忙解释说：

永辉妈妈，您先别着急，没有人打他，只是同学之间有些误会，大吵了一架。

但此时，永辉妈妈沉浸在愤怒和担忧之中，根本听不进这些解释，继续说道：

我不管这些，反正我只知道我的孩子受了委屈，你们做班主任的就应该负责……

永辉妈妈的强硬让班主任非常尴尬和无奈，只好任由对方发泄内心的不满。最后，班主任解释了事情的原委，原来永辉与同学发生了矛盾，同学骂了他几句，他就开始哭个不停，班主任也只好给家长打去电话。

家长在尚未全面了解事件的来龙去脉之前，盲目指责班主任不仅无助于问题的解决，还会加剧家校之间的误解与隔阂。

避免情绪化反应

家长在得知自家孩子在学校被同学欺负的消息时，情绪会出现很大的波动，如焦虑、紧张、担忧等，其中最常见的莫过于愤怒。家长的愤怒一般来自对“施暴者”目无法纪、嚣张跋扈的痛恨以及对班主任未能为孩子提供及时保护的不满。在愤怒情绪的影响下，家长很容易变得冲动，进而做出一些不理智的行为，比如，指责班主任不作为；殴打“施暴者”；嫌弃自家孩子太过懦弱等。但是，这些行为不仅不利于解决问题，还会对孩子的心理造成进一步伤害。

因此，在得知消息后，家长首先要做的就是保持冷静，避免情绪化的反应。

随后，向孩子了解事情的原委，并向班主任进行求证。最后，与班主任共同商讨对策，确保最终措施既能有效地解决问题，还不会为孩子带来隐形的麻烦。如果孩子在遭遇此等变故后心理出现创伤，家长也要及时向班主任说明，适当可以请几天假，对孩子安抚、劝慰一番。

话术建议

1. 了解事实真相

"今天孩子放学回家告诉我，班上的几名同学向他收保护费，10 月 14 日一次，11 月 2 日一次，每次一百块，不知道王老师有没有听说过这回事？"

"孩子最近一段时间情绪很低落，我追问之下才知道他被同学'欺凌'了。就在昨天，这些人不仅在厕所里殴打了他，还拍了视频，希望老师能帮忙调查一下事情的原委。"

"据乐乐说，班上有位同学一直给他起外号，起得特别难听，还经常当着同学的面骂他。我看乐乐的反应不像是假的，您有没有听说这件事？"

家长在得知消息后，务必保持理智，第一时间与班主任沟通，弄清楚事情的来龙去脉，在描述事件时要具体交代时间、地点、人物等。同时，不要仅凭孩子的一面之词进行判断，以免出现冤枉他人的情况。

2. 强调问题的严重性

"我觉得交保护费这件事呢，不只是损失几百块钱这么简单，还会对孩子的心灵造成伤害。学校本应该是我们家长最信任的地方，我恳请您高度重视这件事。"

“现在乐乐经常会出现焦虑、恐惧的情绪，甚至开始不想去上学。我想您也知道校园暴力和学生欺凌事件对孩子的伤害，我非常担心他的心理健康。希望您立即介入调查，给予孩子帮助，我们也全力配合学校的工作，直至问题圆满结束。”

“被起外号看起来是一件小事，但也很容易打击孩子的自尊心和自信心。我担心这种情况一直持续下去，会让孩子变得自卑，影响到他的学习和社交。”

向班主任强调问题的严重性，可以让班主任更加重视这件事，促进问题的解决。对于孩子而言，无论是身体伤害、心理困扰，还是社交障碍，所有可能出现的后果都不容轻视。班主任的及时介入能帮助孩子远离伤害源，并提供必要的支持和帮助。

3. 表明自己的态度

“我打算明天去一趟学校，希望您能通知那几位学生的家长准时到场。我的态度是涉事学生当面道歉，退还索取的钱财，并写下保证书，承诺今后不得有任何形式的徇私报复行为。”

“打人这件事非常严重，我决定报警处理，明天我会带着孩子的验伤报告去学校，希望涉事学生以及家长能到场，麻烦您通知他们一声，到时候咱们再商议如何解决这件事。”

“我这边希望您能对骂人的那位学生进行批评教育，并与他的家长取得联系，针对这件事进行沟通，只要对方今后不再欺负乐乐，这件事我就不追究了。您觉得这样可以吗？”

家长主动给出处理方案，表明自己的态度，一方面能体现自己对这件事的重视，另一方面也是提醒班主任不要想着做和事佬，和稀泥，将此事不了了之。

孩子在学校丢东西了，怎么和班主任沟通

情景再现

当孩子在学校不慎遗失物品时，家长通常会既烦躁又无奈，不得不硬着头皮将事情告知孩子的班主任。而此时就要考验家长的沟通能力，在寻回失物的同时，也要趁机增强家校之间的沟通与合作。

场景回放

一天，佳文回到家后急忙找到妈妈，哭诉自己把刚买的电话手表弄丢了。妈妈闻言想教训他，可见他一副可怜兮兮的样子，心中又有些不忍，只好强压怒火，安慰了他几句。第二天，佳文妈妈气冲冲地找到了班主任，语气中满是责备和不满：

李老师，我实在不能理解，在学校居然还能丢东西。您作为老师，怎么能让这种事情发生呢?

班主任闻言，连忙解释道：

您不要着急，佳文的电话手表丢了，可能是同学拿错了。我们正派专人在调取监控，孩子们活泼好动，有时难免会发生这种误会。

场景回放

我不能急吗？那块表 700 多块呢，是他姥爷送给他的。这要是丢了，你让我跟他姥爷怎么交代。

我非常理解您的心情，请您稍等片刻，我已经安排了班级的同学一起回忆并帮忙寻找，同时也在查看监控录像了。请您放心，我们会尽一切努力找回佳文的手表，也希望您能给我们一些时间和理解。同时，我也会借此机会加强孩子们对个人物品管理的教育，确保类似情况不再发生。

佳文妈妈情绪稍微缓和了一些，但依旧嘴上不饶人，说道：

那我就在这里等，今天我就要看到结果。

班主任见状，心中十分无奈，只好催促相关人员尽量调查出一个结果。

当孩子在学校遗失财物后，很多家长会将问题归咎于班主任疏于管理，不够尽心尽责，急匆匆地跑去与对方说理，甚至在办公室里大吵大闹，让所有人都下不来台。无论家长的初衷为何，这都不是一个理智的做法。

避免一直强调损失

一些家长在遇到孩子丢东西的情况时，会在沟通中一直强调自己的损失，态度十分蛮横，试图从气势上压过班主任，以尽快获取赔偿。实际上，孩子在学校遗失财物，家长提出赔偿要求，学校自然责无旁贷。因此，家长不必一上来就急于推脱责任，胡搅蛮缠，这种做法不仅会给孩子传递出错误的价值观，还会破坏良好的家校关系，得不偿失。

家长在与班主任沟通时，不必纠结谁来担责的问题，以达成共识，全力搜寻失物为最佳，即使最后没能完全地解决问题，也会给班主任留下一个知书达理的好印象。

话术建议

1. 说明事件

“王老师您好，佳文今天上完体育课，回教室喝水的时候，发现水杯不见了，找了好久都没有找到。”

“老师您好，我是佳文的家长，今天放学后，他发现自己的电话手表丢了。据他回忆说可能是忘在教室或操场了。”

“我想和您反映一个关于孩子的小情况，今天他书包上的玩具挂件不见了，很可能是丢在学校了。”

家长在与班主任沟通，需详细阐述孩子丢东西这件事，让对方能快速了解这件事的前因后果。在阐述时，家长最好给出具体的时间、丢失的物品以及可能丢失的地点。

2. 表达急迫

“琪琪的这个水杯是奶奶送给她的，琪琪和奶奶的感情特别好，而且两个人又不常见面，因此，这个水杯对她来说特别珍贵。”

“这块电话手表是爸爸送给他的生日礼物，价格很贵。在电话手表丢失后，虽然爸爸也没有责怪他，但他还是非常自责。”

“这个挂件他非常喜欢，平时连我们都不让碰，出了这种事他非常伤心，一直哭个没完。”

家长在向班主任描述丢失的物品时，可以详细展示这件物品在孩子心目中的分量，如此有助于引起班主任的重视。

3. 期望建议

“我想让老师问一问同学们，是不是谁拿错了，或者某个同学闹着玩给藏起来了。如果找不到的话，还请老师给查一下监控。”

“如果方便的话，能否请您帮忙在班级里询问一下，看看是否有人能提供线索？当然，我们也会在家里继续寻找。”

“我想请您帮忙在班里提醒一下同学们，看看有没有人不小心拿错了或者看到了这个物品的下落。”

家长在寻求班主任的帮助时，态度一定要温和、有礼貌，积极地提供解决方案，可以从实地搜索、询问同学、调查监控等几个方面入手。

4. 感谢班主任

“我知道您平时的工作很繁忙，今天因为这种事打扰到您，我深感自责。非常感谢您对孩子的关心和支持，相信在您的帮助下，这个问题会很快得到解决的。”

“您的工作这么忙，今天的事情给您添了不必要的负担，我内心十分过意不去。感谢您一直以来对孩子的悉心关怀和坚定支持，给您添麻烦了。”

家长对班主任的感谢，能让对方感受到家长的尊重与认可，从而更加尽心尽力地去调查物品丢失的事情，同时对增强家校之间的信任与合作，也有着不容忽视的意义。

对其他任课老师不满意，怎么和班主任沟通

情景再现

在家校合作中，有时会出现家长对任课老师不满意的情况，这种现象虽不常见，却值得家长重视。而想要解决这一问题，家长需要用一个合理且委婉的方式将自己的意见传达给班主任，才能达成一个很好的结果。

场景回放

一天下午，王辉爸爸请假赶去了学校，他的目的是找班主任李老师谈一谈关于孩子王辉近期学习上的困扰。一进门，爸爸面色不悦地说：

李老师，您好，我今天来是想和您聊聊王辉的学习情况。我注意到王辉最近对英语课的兴趣明显下降，成绩也有所下滑。我觉得这可能与新换的英语老师有关，是不是王辉对他的教学方法不太适应。

班主任闻言，神情变得非常严肃，回复道：

王辉爸爸，您的心情我完全能理解。每个孩子的学习习惯和接受能力都是不同的，新老师的加入确实可能带来一些适应上的挑战。

场景回放

确实是这样，王辉以前对英语很感兴趣，现在却常常说听不进去老师讲课，回家做作业也感到十分吃力。作为家长，我真的很担心这会影响到他学习的积极性和自信心。

请您放心，我已经注意到了这个问题，并且会尽快与英语老师进行沟通。我们会一起探讨如何调整教学策略，让课堂更加生动有趣，同时也兼顾不同学生的需求。另外，我也建议王辉可以主动找老师请教，表达自己的困惑，这样老师也能更直接地了解他的学习状况。

王辉爸爸听后，脸上露出了些许宽慰的笑容：

那就太好了，有您的关注和支持，我相信这个问题一定能完美的解决。

家长在面对孩子学习兴趣下降的情况时，如果单方面将问题归咎于任课老师的教学方式或能力，并在与班主任的沟通中不停地发牢骚，说任课老师的坏话，或者提出一些无理的要求。这种做法不仅会显得自己过于蛮横，不通情理，还会在班主任和任课老师心中留下不好的印象。

尊重任课老师的教学风格

实际上，孩子学习成绩的下滑是一个多方面因素共同作用的结果，不能简单地将责任归咎于任课老师。它可能与学生的个人学习习惯、家庭环境、心理状态以及外部学习资源的利用等多方面有关。因此，面对孩子的抱怨，家长的第一反应不应是立即站队或指责，而是要耐心倾听，尝试从孩子的角度理解问题所在。了解孩子为何对任课老师不满，是教学方式难以接受，还是沟通方式让孩子感到不适？同时，也要保持开放的心态，认识到孩子的主观感受虽重要，但也可能存在偏差或误解。

每位任课老师都有自己独特的教学风格和方式，家长在与班主任沟通时，应尊重这种差异，并尝试从中发现其积极面，不可简单地以偏概全。

话术建议

1. 具体事例

“最近一段时间，乐乐回家后经常会提到数学老师的教学方法很特别，但有时候理解起来很有难度。”

“听大川讲，班上的英语老师似乎不太喜欢他，他去问问题的时候，老师总是说不了几句话要赶他走。”

“小涛有一次回来说，他们的语文老师特别和蔼，上班时都不怎么管他们，很多同学都在课堂上睡觉。”

家长在与班主任沟通时，要避免空泛的批评，结合具体的例子来提出自己的质疑，让自己的表达有理有据，提升说服力。

2. 个人感受

“我发现他在做数学作业时总是有些吃力，尤其是在解应用题时经常找不到头绪，唉声叹气的。我觉得这会不会与老师每次讲得太深奥有关？”

“我不知道具体情况，但从大川的描述来看，感觉这位英语老师对待学生不够耐心，缺乏积极性。”

“我有些担忧，现在的孩子正是活泼好动的年纪，如果老师不对他们加以约束的话，很可能会养成坏的习惯。”

通过个人客观的分析，展示自己对任课老师行为的感受，以体现作为家长对孩子当前处境的担忧，有助于班主任提高对此事的重视程度。

3. 建设性建议

“您觉得我需不需要给孩子提供一些额外的练习资料或者线上辅导资源，帮助孩子巩固基础？也希望数学老师能在课堂上与孩子多一些互动。”

“我想麻烦您去了解一下，是老师的教育风格就是这样？还是对大川有什么误会？还请您多费心。”

“我希望您能抽时间去了解一下情况，去和语文老师委婉地表达一下我们作为家长的看法，如果有什么特殊的情况，也请您及时通知我。”

基于自身的观察，提出一些具体的、可操作的建议，如此方能展现出家长是在积极寻求解决方案，而非简单发泄不满。

4. 尊重与信任

“当然，每个老师都有自己的教育理念和教学方法，可能他与我的教育观念存在着差异，但出现了这种情况，我觉得还是要及时和您沟通一下。”

“我相信每个老师都在为孩子的成长尽心尽力，这是我的一些不成熟的建议，如果有不妥的地方，还请您多多包涵。”

“也许老师有自己的想法，或者是我在这里杞人忧天了，我在这里也感谢您花时间聆听我的一些不成熟的想法。”

在整个沟通过程中，保持对班主任和任课老师的尊重与信任至关重要。家长要强调自己相信任课老师的专业能力，此次沟通只是希望通过双方的努力，为孩子创造更好的学习环境。

对班里的制度有意见，怎么和班主任沟通

情景再现

现如今，家长对孩子的教育问题越来越重视。有时候，由于教育方式、个人观念等方面的差异，一部分家长偶尔会对班级里的某些制度产生异议。若想要解决这一问题，家长就要学会在尊重和理解的基础上，与班主任建立起有效沟通。

场景回放

一天晚上，晓悦拿着画纸找到妈妈，希望妈妈能帮自己做一张手抄报，而这已经是这个月的第四张手抄报了。妈妈皱着眉问道：

既然是老师留给你的作业，你为什么总是让妈妈帮你做？

晓悦低着头回答说：

我自己做不好，同学们的手抄报都特别漂亮，我怕他们笑话我。

妈妈闻言心中十分不悦，拿起手机拨通了班主任的电话：

老师，我家孩子这次就不做手抄报了。

场景回放

没问题，晓悦妈妈，出什么事了？

妈妈见班主任询问，趁机大吐苦水：

我觉得手抄报这个作业完全是给家长留的，这么短的时间，孩子怎么可能做得出来。小孩子们还喜欢比较谁做得好，即使是孩子做的，也拿不出手。这个作业完全就是在浪费家长的时间，根本没有任何意义。

做手抄报的目的是锻炼孩子的思维能力、动手能力……

妈妈还没等班主任说完，就打断了对方：

现在问题是这个东西已经成为家长的作业，你们应该好好反思反思，班级的这种制度是不是有问题。你看看群里发的那些手抄报，那是孩子能做出来的吗？这不是自欺欺人嘛！

晓悦妈妈拿着手机一通发泄，转头看见晓悦依然在可怜巴巴地看着自己，心里既生气又无奈。

班级制度是为所有学生服务的，旨在起到规范学生行为、促进学习氛围、增强班级凝聚力的作用，为学生全面发展提供有力保障，不会因个人意识而随意改变，这意味着家长的吐槽会让班主任心生反感。

了解班级制度设立的目的

有时候，家长对班级制度有意见，通常是基于自身观念得出的结论。家长若想要更好地理解这些制度，不妨先静下心来，倾听班主任对于现有制度的解释与初衷。其实，每一个制度的背后，都凝聚着班主任对孩子成长的期望与考量。而家长通过倾听，能够更全面地理解制度设立的背景与目的，为后续的沟通奠定良好的信任基础。

如果家长在了解班级制度后，仍然有自己的看法或建议，可以以建设性的方式向班主任或学校提出。在表达意见时，应注意语气和方式，避免产生不必要的误解或冲突。

当然，一项制度的成熟是一个不断调整与完善的过程。而在这个过程中，难免会出现考虑不到位的地方，如果家长察觉到了，可直接与班主任反映。但需要注意的是，在沟通过程中，家长一定要保持开放的心态，相互尊重、相互理解，以为孩子共同营造和谐、有利的成长环境为出发点，避免情绪化表达。

话术建议

1. 明确关注点

“我听孩子讲最近很长时间都没有上过体育课了，感觉他们现在的课外活动时间太少了。”

“我个人认为班上的某些规定不够人性化，比如，对迟到和早退的处罚过于严厉了。”

“最近孩子的手抄报基本上都是由我完成的，给我的感觉更像是给家长留的作业。”

家长在与班主任沟通时，应清晰地指出是哪一项班级制度引起了他们的关注或不满。具体说明制度的名称或内容，避免模糊或泛泛而谈。

2. 阐述个人见解

“我个人觉得课外活动是很有必要的，适当参与能帮助孩子释放学习压力，有利于身心健康。毕竟现在孩子们的学习压力都很大。”

“有时候，孩子迟到是遇到了特殊情况，比如生病、堵车，这些情况谁也无法预料。”

“在我看来，孩子靠自己做手抄报可能有点困难，最关键的是时间太紧，孩子一旦发现做不完就会把任务推给家长，这一点很不好。”

家长应详细阐述自己对这项制度的看法和理解。可以基于孩子的实际体验、家庭教育的角度或是对孩子成长的影响等方面，提出自己的见解和担忧。或者，指出制度中存在的问题或不足之处。这些问题可以是制度本身的不合理性、执行过程中的困难、对学生造成的负面影响等。

3. 提出改进意见

“我希望学校能对这一方面提起重视，也希望各位任课老师不要侵占孩子们外出活动的时间，多给他们一些放松的机会。”

“我的建议是在特殊情况下，适当给予孩子一些宽限，以免让本就难过的孩子更加不开心。”

“我觉得应该放宽孩子手抄报的要求，时间长一点，标准低一点，让他们能够真正地独立完成。”

指出问题后，家长还要提出具体的改进建议或替代方案。这些建议可以基于个人经验、教育理念或是对其他成功案例的借鉴。此外，也不要忘了倾听班主任对这些意见的看法和解释，避免使用过于激烈的言辞，以免影响沟通效果。

孩子在学校被冤枉，怎么跟班主任沟通

情景再现

孩子在学校学习和生活，自然免不了与同学打交道。在相处过程中，双方难免会产生一些误会。此时，家长一定要懂得与班主任沟通的技巧，避免孩子被冤枉。

场景回放

晓飞满脸委屈地回到家中，一进门，他就扑进了妈妈的怀里，哽咽着说：

妈妈，我没有偷同学的东西，他们都说是我拿的，可我真的没有。

妈妈见状，连忙询问晓飞发生了什么事。在了解事情的前因后果后，她摸着晓飞的头安慰说：

宝贝，妈妈相信你。我们一起去学校，找老师把事情说清楚。

第二天，妈妈带着晓飞来到了学校，找到了班主任李老师。妈妈说道：

场景回放

事情晓飞都和我说了，我了解我的孩子，他绝不会做出这样的事情。希望我们能一起调查清楚，还他一个清白。

李老师听后，连忙表示：

我马上调查这件事，请您放心，我不会让任何一个孩子受到无端的指责的。

随后，李老师召集了相关同学进行询问，并查看了教室的监控录像。经过一番细致的调查，终于真相大白，原来是一场误会，东西是被另一位同学不小心碰掉的，而晓飞恰好路过，被误认为是“嫌疑人”。得知真相后，李老师在全班同学面前澄清了事实，还了晓飞清白。

在得知自家孩子被冤枉的消息时，家长要保持冷静，不要说“我家的孩子我了解”之类过于主观的话，而是要将焦点集中在事件本身，与班主任通力合作，完美解决这件事。

公开澄清事实的重要性

当孩子被冤枉时，大多数家长会将重心集中在证明自家孩子清白上，在处理事情时往往会止步于自己和班主任了解事实真相的阶段。但是，对于孩子而言，公开澄清事实要更为重要。因为，这不仅仅是为了恢复孩子的名誉与尊严，更是维护其心理健康成长的关键步骤。

班主任在班级中通过合理、客观的方式陈述真相，可以有效消除误解与偏见，让周围的同学了解到事情的全貌，避免进一步的伤害和孤立。因此，家长在与班主任沟通时，不仅要懂得消除自家孩子在对方心中的嫌疑，还要让他在所有同学面前变得清清白白。

话术建议

1. 解释具体情况

“关于同学怀疑晓飞偷拿铅笔这件事，我想和您解释一下。这位同学所用的自动铅笔，晓飞的文具中刚好有相同的品牌，这完全是一个误会。”

“小楠是第一个回到教室的，同桌在发现零花钱丢失后怀疑小楠是很正常的事情。事后我也耐心地向小楠询问了这件事，他始终表示不是自己做的。我觉得是大家冤枉了他。”

“今天我问过乐乐，他在课堂上一直说话的事，他说自己是在默读课文，并没有发出声音，我觉得您是不是误会他了？”

家长在与班主任沟通时，需要详细地阐述自己所了解的情况，或者提供已收集的证据或信息支持，让班主任对该事件有一个更全面的认识，以便做出明确的判断。

2. 表示对孩子心理健康的担忧

“出了这种事，我有些担心孩子的情绪和心态，他会不会因为这次打击而变得自卑，开始抵触正常的社交，甚至出现社交障碍。”

“不得不说，我现在有些焦虑，担心这件事会影响到孩子的心理健康，毕竟孩子的心理都是很敏感的。”

“事情发生后，我仔细观察了小楠的状态，发现他的情绪非常差，我担心这件事会对他产生很大的影响。”

在孩子被冤枉后，家长向班主任坦白自己对孩子心理健康的担忧，能够体现家长对该事件的重视，同时也会为后续的沟通奠定基础。

3. 提出深入调查的建议

“您的处理方式在我看来已经很好了，不过基于对孩子的担心，我还是希望学校能对这件事进行深入的调查，尽力帮助丢失物品的同学找回物品。”

“大家作为成年人，肯定都明白疑罪从无的道理，可我担心小孩子是很难理解这些东西的，所以我还是希望学校再深入调查一番。”

“作为家长，我还是希望学校在这件事情上多进行一些调查，能出结果当然最好，即便调查无果，至少咱们一同努力了。您觉得呢？”

家长在与班主任探讨如何解决该问题时，可以适当提出深入调查的建议，毕竟事关孩子的权益，不能有一丝一毫的妥协。在深入调查下，即使没有结果，也能作为后续澄清事情真相的一份重要佐证。

4. 澄清事实

“小孩子理解一件事是非常困难的，我想麻烦您在班级里公开澄清一下我家孩子被冤枉这件事，毕竟您是他们最信任的人。”

“现在这个处理结果已经很好了，不过我还是想请您召开了一次班会，为我家孩子澄清一下，解释一下。因为如果那位同学丢的钱找不回来，同学们还是会用异样的眼光来看我家孩子。”

“既然事情已经清楚了，我想请您能够帮助孩子澄清一下，打消全班同学对他的怀疑，有始有终嘛！”

关于孩子被冤枉这件事，公开澄清误会非常重要，这有助于挽回孩子在同学们心中的印象，以免让孩子在未来学习生涯中身上一直带着这种标签。

班干部被撤了，怎么跟班主任沟通

情景再现

在学校中，孩子担任班干部不仅会让家长感到体面、光彩，还是培养孩子领导力、责任心和社会交往能力的重要机会。如果孩子被撤职，无疑是对孩子的一种否定。作为家长，要学会在这一敏感时刻与班主任达成共识，既帮助孩子理解并接受这一变化，又促进他们从中学习成长。

场景回放

班级会议上，班主任宣布撤销小毕的班长职务。小毕回到家后，将这件事告诉了妈妈，小毕妈妈思考片刻后给班主任打去了电话：

老师，我们很想知道，为什么突然撤掉了小毕的班长职务？他一直以来都很努力，也很受同学们的喜爱。我们理解老师可能有自己的考量，但小毕的能力和责任心是我们有目共睹的。是不是有什么误会或者我们可以一起帮助解决的问题呢？

面对家长的询问，班主任耐心地解释：

场景回放

这次撤职的决定并非是我心血来潮，而是基于对小毕近期表现的观察和对班级整体氛围的考虑。小毕因担任班长在学习上多有分心，他是一个很有潜力的孩子，我更希望这次变动能成为他反思和成长的机会。

经过一番坦诚的交流，家长与老师逐渐达成共识。

班主任的每一项决策都有自己的考虑，家长需要做的是理解和接纳，尤其是在不了解具体情况时，千万不要一上来就质问对方，保证彼此沟通的和谐才是最重要的。

沟通时的四大要点

第一，即使在得知孩子被撤职的消息后感到不满或担忧，家长也应尽量保持冷静和尊重的态度。避免在情绪激动时与班主任交流，以免言辞过激影响沟通效果。

第二，在询问前，家长应明确自己的询问目的，是为了了解具体原因、寻求解决方案还是仅仅为了表达担心。这有助于在沟通过程中保持焦点，避免偏离主题。

第三，在班主任讲述情况时，家长应认真倾听，不要急于打断或反驳。给予班主任充分的时间来表达自己的观点和看法，这有助于建立信任和理解的基础。

第四，在适当的时候，家长可以表达对班主任的理解和支持，比如肯定班主任的工作和决策，表示愿意与班主任共同解决问题。这有助于缓解紧张气氛，促进双方的合作。

话术建议

1. 了解孩子被撤职的具体原因和情况

“我听孩子说他被撤掉了班长的职务，我想了解一下具体的原因。希望能通过您的视角，来理解这一决定背后的考虑，以便我们在家庭教育中能给予他适当的引导和支持。”

“我注意到孩子在学校的职务上有所变动，特别是得知了他被撤职的消息，这让我感到有些意外。我能问一下出现这一变动的原因吗？”

“老师，我注意到孩子最近被撤职了，能不能告诉我发生了什么事情？”

家长在询问孩子被撤职原因时，要避免情绪化，保证足够客观，这样既表达了对班主任的尊重，又清晰地传达了您想了解孩子被撤职原因的需求。

2. 肯定孩子，适当争取

“我相信这次经历对他来说也是一个宝贵的学习机会，同时，我也想请求老师能给孩子一个机会，让他在认识到自己的不足后，通过实际行动来重新赢得大家的信任和支持。”

“我明白这次撤职决定的背后可能是孩子在某些方面未能达到期望，作为家长，我们深感责任重大，我也恳请您能够给予孩子一个改过的机会，让他在未来能重新担任这一职务。”

“我知道我的要求有些过分，但我还是希望您能给他一次机会，让他认识到自己的不足后，能用实际行动来证明自己能够重新胜任这一职务。”

无论结果如何，家长为孩子争取一个再次担任班级职务的机会，不仅是对孩子情感上的支持与慰藉，更是引导孩子学会面对挫折、勇敢站起来的重要一课。同时，这也有助于学校更全面地了解孩子的性格与能力，发现孩子的潜力。

3. 如何与孩子沟通

“您认为我应该如何向孩子解释这个决定？有哪些具体的点是我需要强调的？”

“我希望您能给我一些建议，关于如何向孩子解释这个决定，让他既能认识到自己的不足，又能保持积极向上的心态。”

“您认为我应该如何引导孩子看待这个决定？有哪些话术或方法可以帮助他理解被撤职背后的原因，以及这个决定对他个人成长的意义？”

家长向班主任请教，能进一步了解孩子在担任这一职务期间的表现和需要改进的地方，这样有助于家长与孩子沟通时，让孩子了解班主任的苦心。

4. 表达对班主任的信任和支持

“孩子被撤职，我相信这是您基于他近期表现做出的决定。虽然对孩子来说可能难以接受，但它无疑是一个重要的成长契机。因此，我衷心感谢您对孩子的严格要求和悉心指导。”

“我非常理解您，撤职的决定并非轻易做出，它背后一定有着充分的理由和考量。您作为专业的教育者，对孩子的观察和理解比我更为深入，我相信您的判断是公正且有利于孩子长远发展的。”

“我相信，您之所以做出这样的决定，是因为看到了孩子在某些方面需要成长和提升的空间。这既是对孩子的一种警醒，也是对他未来成长的期许。作为家长，我对您的决定表示理解和支持。”

家长的理解和支持是对班主任教育工作的最大肯定。它有助于建立或加强家校之间的信任关系，促进双方在教育孩子问题上的紧密合作。因此，无论是否对结果满意，家长都不要忘了表达对班主任的信任和支持。

Part 7

想请班主任帮忙，怎么沟通

向班主任寻求帮助并不是一件难事，只要家长尊重班主任、明确自己的问题，并且选择合适的沟通方式，就能够轻松地获得班主任的帮助和支持。

想让孩子当班干部，怎么说

情景再现

孩子上学以后，就会涉及要不要当班干部这个问题。有的家长很希望自己的孩子能够当上班干部，而且还会特意去跟班主任“毛遂自荐”。

场景回放

妈妈觉得东东的个子矮，希望东东能当个体育委员，多运动长高一点。她给班主任打电话说：

老师，您能不能安排东东当班里的体育委员？

您为什么想让东东当体育委员呢？

我觉得当体育委员可以多锻炼下身体嘛。

东东妈妈，目前班里的班干部都是通过竞选产生的。如果东东想参与，可以参加竞选。

妈妈很意外，脱口而出道：

场景回放

还需要竞选？班里的班干部不都是班主任安排的吗？

班主任表示不是这样的，自己没有这个权利。妈妈又说：

那您看您能不能帮帮忙？这些不都是您一句话的事儿吗？

班主任建议让东东去参加竞选，这样更公平公正。

家长想让孩子当班干部，追求上进，这样的想法是好的。不过，在和班主任沟通时，家长直接让班主任帮忙安排，这样做会让班主任很为难。班主任要面对的是全班的学生，需要维护班级的公平公正，不能徇私。家长的这种做法肯定会被拒绝。

想要向班主任自荐，家长可以先好好梳理一下孩子的优势和长处，比如性格外向、乐于助人、做事认真仔细、拥有一技之长等等，然后再向班主任表达孩子的意愿。班主任可能会询问家长，想让孩子当班干部的原因，那么家长的回答应该以锻炼和提升孩子的能力，让孩子获得成长为主。

大多数家长心中对于让孩子当班干部还是有一定期待的。这是因为成为班干部的确有很多潜在的优势和好处。

孩子当班干部的好处

班干部是班主任和学生之间的桥梁，孩子成为班干部后，需要完成上传下达的工作，在这个过程中可以提升表达能力。同时，当班干部还需要和不同的人打交道，这可以帮助孩子提升处理问题的能力。当班干部对于孩子今后进行社会交往、收获良好的社会关系非常有帮助。

班干部并不是想当就能当的。能当选的，都是班级中的佼佼者。如果孩子能当班干部，是一件很有面子的事情，能够提升孩子的自信心。当孩子的自信心强大时，性格会更开朗，更愿意勇敢地去尝试新鲜事物，形成良性循环。

班干部经常需要配合班主任完成学校布置的各种班级活动，比如组织班会、制作板报等。一开始孩子也许会不知道从何下手，感觉有些不知所措，但是经历得多了，孩子就能够圆满地完成任务，孩子的组织和领导能力也能够得到充分的锻炼。

班干部的学习成绩虽然不一定是最好的，但是他们仍然是同学们的目标和榜样，一言一行都会受到大家的监督。为了避免被同学们笑话，成为班干部以后，孩子会用更高的标准要求自己，减少不良行为，逐渐养成自律能力。

孩子当上班干部后会经常和班主任接触。他们身上的优点和长处，总能第一时间被班主任发现。相比那些不经常和班主任接触的孩子，班干部更容易受到班主任的重视。又因为对班级做出过贡献，在各种评选中，当班干部的孩子更容易被优先考虑。

话术建议

1. 提出希望

“做班干部能够锻炼孩子的综合能力，我希望孩子能够有这个机会。”

“孩子平时就乐于助人，所以希望能成为班干部，为同学们服务。”

“孩子跟我表示希望能当班干部，希望老师能考虑一下。”

当家长表示想让孩子做班干部时，班主任通常不会贸然地同意或拒绝，而是会先询问理由。家长可以冷静、客观地把自己的想法告诉班主任。

2. 强调孩子的优势

“老师，我家孩子做事情仔细认真，喜欢给同学服务，性格又外向，希望您能给他一个锻炼的机会。”

“老师，我觉得我家孩子非常有责任感和领导能力，他能够很好地完成班干部的工作。”

虽然，多数时候班干部是靠竞选得来的，但有时候老师也会指定班干部。这时，父母就可以有针对性地向老师推荐自己的孩子，重点介绍自己孩子与指定班干部相匹配的优势和潜力。这样，即使孩子最后当不上班干部，班主任也能够更全面地了解孩子的情况。

3. 询问孩子的弱势

“请问我家孩子有什么做得不太好的地方吗？”

“班干部竞争很激烈，我想让您给孩子提点建议，帮助他提高一下。”

“希望您能给我孩子提一些意见，方便他改进。”

家长可以询问班主任，孩子距离做一个合格的班干部还存在哪些差距，需要改掉哪些毛病和缺点。

4. 表达决心和感谢

“如果老师能够给孩子机会的话，他一定会好好表现的。我代表孩子谢谢您。”

“无论孩子是否如愿以偿，我们都感谢您对孩子的教导。”

“这次不成功也没关系，孩子会再接再厉。谢谢您。”

家长在陈述完自己的想法之后，要代表孩子表达他们做好班干部的决心，给班主任一种积极的感觉。而且，不要忘记向班主任表达感谢。

想请班主任帮忙调换座位，怎么说

情景再现

大多数家长都为自己孩子在班级中的座位问题而烦恼过。当孩子被分配到不合适的座位上时，家长就会向班主任要求调换座位。

场景回放

开学了，班主任给同学们重新调换了座位。小星因为身高问题被安排坐到了教室的后排位置。妈妈觉得这是个大问题，于是她跑去了学校，跟班主任说：

老师，您能不能把小星的位置调到前排呀？

是孩子和您说坐后面看不见黑板吗？

老师，我担心他上课不注意听讲和同学说话，您看不到他，影响学习。

场景回放

小星妈妈，班里的座位是每两周调换一次，大家轮流坐。小星不会一直坐在后排的。而且，老师在课堂上会关注每个学生，不会注意不到的。

那不行，两个礼拜也不行。万一就因为这两个礼拜，影响了他期末考试，那怎么行？

妈妈的态度，让班主任很无奈。

家长都想让孩子坐在一个好的位置上，这个想法无可厚非。不过，所谓的“好座位”不可能被某个人一直占住，班里的座位也不能根据家长的个人喜好随意更换。如果没有充分的理由，家长就要求班主任给孩子换座位，班主任大多不会同意。

座位对孩子可能会产生一些影响，但这些影响并不是绝对性的。其实，孩子需不需要换座位，这需要家长视情况而定。

家长在意孩子座位的原因

孩子座位一直是备受争议的话题。很多时候，孩子自己往往不太在意，而真正在意的其实是家长。家长更多的是站在自我的角度去看待问题，难免会比较片面。他们总是想当然地认为孩子的座位太靠后，班主任就不会关注孩子了，其实并不是这样。

班主任安排座位的原则，首先考虑的是孩子的身高。个子矮的孩子大概率会被安排在靠前的位置，个子高的孩子大概率会被安排在靠后的位置。其次会根据近视、学习习惯等进行微调。

家长觉得孩子离讲台近，更容易受到关注，而且孩子更容易集中精力听讲，自己更放心。其实，任课老师讲课需要面对所有孩子。当任课老师站在讲台上时，视线大多会集中在后排，反倒更容易忽略前排。无论孩子坐在哪个位置，任课老师都会关注到。大家的学习机会是平等的。

有的家长觉得教室前排是所谓的“好位置”，觉得那里都是学习好的孩子，自己孩子坐在那里就能受到好的影响。其实孩子并不会因为坐在好的位置上学习就变好，而学习好的孩子不管坐在哪个位置上成绩都会不错。家长与其挖空心思帮孩子抢个好位置，不如让孩子养成好的学习习惯。

有的家长担心孩子身边坐着不爱学习、成绩不好的同学，会导致孩子受到影响。其实，孩子的成绩好坏和同桌是谁没有关系，而是和孩子自身的学习态度和学习习惯等因素有关系。无论孩子坐在哪里，和谁坐在一起，都要集中注意力，好好学习。

对孩子座位不满意，家长该怎么办

对孩子的座位安排感觉不妥时，家长不能单纯凭借自己的想法就去找班主任。毕竟在学校生活和学习的是孩子，家长的做法要考虑孩子的感受。如果在和孩子沟通过后，孩子并无异议，家长就要尊重孩子的想法。

有时候，孩子会对座位产生不满。这时候，家长也不能单纯依靠孩子的一面之词，就要求班主任换座位。家长可以和孩子一起分析一下，为什么会对座位不满意，是否存在听不清任课老师说话、受同学影响、看不清黑板等问题。了解了孩子的想法之后，才好解决问题。

如果孩子不满意座位安排，只是因为一些小事，比如像没能和要好的同学坐在一起等等，这种情况并不会影响孩子的学习。家长需要对孩子进行开导，让孩子学会尊重班主任的安排，慢慢去适应周边的同学，不要因为这些事情影响自己的情绪和学习。

如果孩子换座位的理由充分且正当，比如和同桌经常闹矛盾等，家长可以和班主任进行沟通，不过，在沟通时态度要谦和。沟通的重点应该是向班主任反映孩子的情况，并且了解班主任安排座位的理由，之后再和班主任合理协商出一个解决方法，不要因此而发生矛盾和争执。

话术建议

1. 明确提出需求

“老师，孩子想要换个座位，您看可以吗？”

“我这次找您是为了孩子座位的事。”

想要给孩子换座位时，家长可以直接向班主任提出需求，明确地表达问题，而不是指责班主任座位安排不合理。

2. 给出充分理由

“孩子说前面同学太高了，她看不见黑板上的字了。”

“孩子最近视力下降了，您能让他往前坐一坐吗？”

孩子想换座位都是有原因的，但是班主任不会允许孩子随便更换座位。家长想让孩子换座位，需要给班主任一个合理的解释，让班主任明白孩子为什么想换座位。只有原因合理，班主任才有可能会考虑。

3. 提出可行的解决方案

“老师，您看让孩子和前面的同学换一下座位行不行？”

“老师，让孩子坐到两边靠前的位置，是不是他就既能看清黑板，又不会影响后面的同学了。”

在向班主任提出换座位的请求时，家长可以提供一些可行的解决方案，比如提出想要更换到哪些位置、想和哪些同学坐在一起等等，方便班主任更快给出答复，并且确保让孩子换到心仪的座位。

想请班主任帮忙管教孩子，怎么说

情景再现

有的家长觉得孩子身上有着这样那样的问题，急需要改正，但是自己又不知道该怎么教育。孩子的班主任就成了教育孩子的最佳人选。

场景回放

妈妈想让亮亮认真听课，就找到了亮亮的班主任，一上来就跟班主任说：

老师，亮亮这孩子听课总是不太认真，您可得多盯着他一点儿，别总让他走神。

您放心，我会尽量关注亮亮的表现，不过还是希望咱们一起努力，帮助亮亮克服学习上的问题。

老师，我把他送到您这里，主要还是想让您多管管他。我们不懂教育，再说我们说了，孩子也不听我们的啊。

妈妈说完叹了口气，班主任也不知道该说什么好。

家长希望班主任能够多多管教自己的孩子，这是一种很自然的期望。可是，在表达这种期望的时候，切记不要推卸自己的责任，毕竟孩子终归是自己的。把责任都推给班主任，不仅会惹得班主任不快，还会显得家长不负责任，给班主任留下不好的印象。

相比较家长，班主任精通专业知识，懂得如何正确教育孩子。经过班主任严格的教育和指导，可以帮助孩子建立正确的价值观和道德观念，培养孩子的行为规范和明辨是非的能力。班主任的建议对孩子的成长也有着很积极的影响。所谓“严师出高徒”，接受过班主任的严格管理，孩子不仅可以学到更多的知识和技能，还能为日后的学习和生活打下良好的基础。

但是，拜托班主任多管教孩子，既能不给班主任带来压力，不让班主任产生误解，又能达到目的，这是需要技巧的。

平时和班主任保持良好的关系

在向班主任请求帮忙管教孩子之前，家长需要理解班主任的工作环境和压力。班主任不仅要管理一个班级的所有学生，还需要准备课程、批改作业、参与学校的各种行政工作和活动。当家长希望班主任能够对孩子多一些关注和管理时，应该先充分考虑到班主任的工作负担。

在平时，家长就应该和班主任保持比较良好和积极的关系。进行日常交流时，家长要对班主任的工作表示尊重和理解，还要表现出对孩子教育的支持。家长可以通过积极完成班主任布置的任务、参加家长会、参与学校活动等方式，向班主任展现出积极参与孩子教育的态度。

班主任看到家长的积极态度，感到家长对自己工作的支持，就容易对家长心生好感。当家长提出请求时，班主任就更愿意尽力去管教孩子。

注意提出请求的时机

提出请求的时机非常关键。班主任在上课前后或需要参加学校举行的活动期间，会非常忙碌、非常紧张，他们没有多余的精力和家长探讨和谈论管教孩子的问题。家长最好不要在这些时候提出请求。

家长可以把沟通的时机放在家长会结束之后的单独交流时间，或者和班主任预约一个不忙碌的时间进行详谈。在轻松的氛围之下，双方更容易达成一致的意见。

礼貌地提出需求

在和班主任沟通的时候，家长可以直接而具体地说明孩子在学习或其他方面具有的问题或是遇到的困难，然后有礼貌地表示自己的担忧和关切，同时表示出对班主任专业能力的信任，再向班主任提出请求，希望班主任能够帮忙对孩子进行管教。家长提出请求时要避免使用命令的语气。颐指气使的态度会让班主任反感，增加拒绝的可能性。

在提出请求时，家长应该设定合理的期望值，不能够要求班主任做出超越个人能力和职责范围的事情。比如，家长可以请求班主任在可能的情况下多观察孩子的行为，给孩子提供一些提醒和个性化的指导，而不是要求班主任对孩子进行特殊的照顾。

在沟通的过程中，家长应该明确地表达出与班主任合作的意愿，强调希望和班主任一起帮助孩子改正问题。家长可以询问班主任，对孩子有哪些建议，需要自己在家中如何配合班主任，共同促进孩子的发展。

最后，无论班主任是否同意自己的要求，家长都应该对班主任表示感谢，让班主任感受到被尊重，感受到自己价值的被认可。这样能够鼓励班主任在今后对孩子给予更多的关注，还能够增强家长和班主任之间的关系。

话术建议

1. 表示自己的担忧

“老师，孩子比较调皮，我和他爸爸就怕他在学校捣乱。”

“老师，孩子最近成绩有点下降，我挺着急的，也不知道该怎么办。”

“我看孩子近期情绪有点低落，不知道他在学校里是不是遇到事情了？”

家长可以先和班主任指出孩子在学习上、行为上或是情绪上有哪些问题，自己目前束手无策，感觉很担心。

2. 请班主任给予帮助

“这孩子太好动，在家里我们会严格管教他，在学校里还要麻烦您多费心。”

“学习这方面，我们会监督他，也希望您多指点他一下。”

向班主任求助时，态度要真诚，不能先入为主地抱有偏见，也不能把教育的责任都推给班主任。

3. 对班主任的做法表示认同

“‘严师出高徒’，我们肯定是理解您的。”

“您都是为了孩子好，我们一定支持您的工作。”

向班主任表达出对他们教育方法的认同，能够让班主任放心对孩子进行管教。

想请班主任帮忙鼓励孩子，怎么说

情景再现

目前鼓励式教育已逐渐取代了惩罚式教育，成为备受关注的教育方式。孩子学习的过程中，鼓励能够给孩子信心和动力，特别是班主任的鼓励。

场景回放

佳佳从来不在课上举手回答问题。妈妈为此找到班主任，说：

老师，佳佳这孩子比较内向，从来不在课上回答问题。我想让她改改这毛病，您上课时最好能多鼓励她一下。

班主任还没说话，妈妈又接着说道：

我平常在家里怎么说她都没用，还得指望您。我听她说，您很少点名让她回答问题。您这样她不是更没有表现的机会，就更不爱说话了嘛。

上课时好多孩子都抢着举手，老师肯定会优先让举手的孩子回答问题，而且回答问题也是轮流的。佳佳这孩子虽然不太爱说话，但还是很爱学习的。我觉得您也别太着急了。

班主任的鼓励确实可以帮助孩子克服困难、实现目标，还能够促进孩子的个人成长和发展。不过，家长在请求班主任给孩子鼓励的时候，不要使用强制性的命令方式，也不要指责班主任平时对孩子的忽略，这会让班主任感觉不太舒服。

班主任的鼓励对孩子很重要

很多家长都能体会到，同一件事情，自己叮嘱很多遍都没有效果，可是班主任说一遍，孩子就会记在心里，动辄就说："我们老师说了……"这说明班主任在学生心目中的地位非同一般。在孩子心里，班主任一直是正确和权威的代表。得到班主任的鼓励和表扬，能够极大地促进孩子进步的积极性，比家长的鼓励要有效得多。

班主任的鼓励不仅能促进孩子的积极性，使孩子的热情高涨，积极上进，还能增强孩子的自信心。一句赞扬，一个眼神，都能让孩子看到自己身上的闪光点和潜能，激发他们探究的欲望。特别是"差生"，恰当的鼓励和诱导能够促使他们转变学习态度，迷途知返，重回正途。

话术建议

1. 感谢班主任曾经的鼓励

"上次孩子数学考试成绩不错，您特意把他叫到办公室，鼓励他好好学，真是太谢谢您了。"

"之前您表扬了孩子的作文写得好，鼓励她再接再厉，孩子很高兴，我们也跟着高兴了很久。"

"上回您的表扬让他特别开心，我们特别感谢您。"

在请班主任鼓励孩子之前，家长可以就班主任以往对孩子的认可和鼓励进行感谢。这里需要注意的是，家长要举一两个具体的事例，这样才不会显得尴尬和空洞。

2. 表示孩子需要认可

“老师，孩子其实很想做个好学生的，他很想听到您对他的夸奖。”

“老师，孩子特别想从您那里得到一份认可和赞赏。”

“老师，孩子很希望能成为您的骄傲。”

家长可以告诉班主任，孩子也是有上进心，想要做好孩子、做好学生的。孩子特别希望能够得到班主任的认可和夸奖。

3. 表达班主任对孩子的影响力

“老师，您跟孩子说的每句话，他回家都会跟我说。”

“您对孩子的影响力特别大，孩子特别崇拜您，现在也越来越好。您真是孩子的一道光。”

“孩子很重视您对他的看法，您对他的鼓励让他现在学习的劲头很足。孩子能遇到您这样的老师，是他的幸运。”

家长可以向班主任表达孩子对他们的认可，以及他们对孩子的影响力，可以举一到两个事例。说完以后，家长要表示自己把孩子交给班主任非常放心。班主任得到了认可，会很开心。

4. 告诉班主任孩子的微小进步

“孩子每天回到家里自觉就去写作业了，写完以后会复习到很晚。”

“孩子让我给他买了一些复习资料，打算每天从最基础的内容开始复习，我想过些日子他会有进步的。”

“孩子现在在家里经常和我们聊天，语言表达能力越来越好了。见到陌生人，他也敢说话了。”

家长可以把孩子在家里的情况告诉班主任，这里的重点是不要把孩子不好的一面告诉班主任，而是要让班主任知道孩子的每个点滴进步，让班主任看到孩子处在积极向上的状态。当班主任发现孩子一直在努力时，就会在学校里给予孩子更多的宽容、接纳和鼓励。

5. 提出希望班主任鼓励孩子

“老师，孩子想好好学习，就是没信心，请您多鼓励他一下。我们一定会配合好您的工作。”

“老师，孩子现在学习的劲头很足，还请您多指导、多鼓励他，有任何需要我们的地方，您只管说。”

“麻烦您多费心鼓励下孩子，我们会全力以赴配合您的工作。”

经过上面这些铺垫，家长可以趁机和班主任提出希望，请班主任多费心鼓励一下孩子，让孩子增强信心，同时表达对班主任工作的支持，以求帮助孩子未来取得更大的进步。

PART 8

在班级群里，怎么沟通

家长在班级群里的一言一行，都会被班主任看在眼里。因此在班级群里和班主任沟通时，家长不能太随意，避免引发不愉快，影响彼此的关系。

和班主任微信沟通要注意什么

情景再现

自从有了微信以后，很多家长纷纷添加了班主任的微信，还加入孩子班级的微信群，方便和班主任沟通孩子的情况。班主任也能通过微信及时向家长传达信息。

场景回放

这天，妈妈看小义的情绪不太好，有些不太想上学的样子。妈妈害怕他在学校里有不开心的事情，就给班主任发了信息：

老师，我看孩子今天的情绪不太好，问他，他也不说。他是不是在学校里和同学闹矛盾了？”

发完信息后，妈妈看班主任没有回复，又连着发了好几条信息：

老师，孩子是不是出了什么事啊？

老师，您怎么不回我啊？

场景回放

当时是上午 10 点，班主任正在上课，不能翻看手机。等到下课，班主任才发现小义妈妈给自己发了好多条信息，便回复道：

小义妈妈，小义在学校里和同学没有矛盾，情绪低落可能是因为考试没考好。我昨天已经和他谈过话，鼓励他下次努力，也希望您能多鼓励他一下。

回复完以后，班主任又发了一条信息：

我刚才在上课，所以不能及时回复您。以后有类似的情况，您可以留言，我看到后会及时回复您的。

通过微信和班主任沟通虽然快捷方便，但是家长在和班主任微信沟通的时候，也有很多注意事项。如果不注意的话，会造成误会，影响和班主任之间的关系。

和班主任微信沟通的忌讳

第一，不要不分时间打扰。想和班主任沟通，家长需要了解班主任的作息规律，否则，在不合适的时间找班主任，要么班主任因为忙碌看不到微信信息，要么打扰到班主任休息，容易产生矛盾。

在江苏南通，有位妈妈想和班主任沟通自己儿子当值日生的问题，就在半夜 12 点左右的时候给班主任发了数条微信。结果，这位妈妈不但没等来班主任的回复，还被班主任“拉黑”了。

班主任也是一份工作，不是 24 小时待命的服务人员。家长随时随地、随便发微信信息给班主任，这样的行为不仅不礼貌，而且也有点过分打扰。如果确实需要和班主任微信沟通，应该尽量选择班主任不忙的时候。除非紧急事件，尽量不要在上课时间和私人时间联系班主任。最后家长要提前询问班主任什么时候方便联系，这样会更好。

第二，不要漫无目的闲聊。家长添加班主任的微信以后，千万不要漫无目的地聊天，因为班主任上班的时候工作很忙，下班以后也需要照顾自己的家庭。家长在和班主任沟通的时候，不要东拉西扯，也不需要对班主任嘘寒问暖，以免耽误班主任的时间。而且，一个班主任要带很多学生，可能在短时间内未必能和每一个家长都很熟悉，自然不可能和每一个人都像朋友一样聊得愉快。

第三，不要抱怨和指责。有的家长对班主任的做法有看法，或是对班主任存在误解，在和班主任沟通的时候，就只会抱怨和指责，甚至颐指气使，觉得班主任就应该照顾好自己的孩子。有的家长自认为懂得很多，喜欢教班主任怎么做。这些都是对班主任的不尊重。

第四，不要太过客气。有的家长在和班主任沟通的时候，生怕得罪了班主任，这对孩子不好，所以会毕恭毕敬、小心翼翼。可是，太过客气的话，会让班主任觉得不自然，说话难免会有所保留，或是不好意思说实话，失去了沟通的意义。

和班主任沟通的原则

第一，摆正心态。在和班主任沟通时，家长需要保持正确的心态。当家长的心态平和时，就能够正视班主任所指出的问题，而不是一味地否认或是附和，也不会为了班主任对孩子留个好印象，而急于为孩子辩解。家长认真地聆听班主任的话，客观地看待孩子的问题，才有利于双方的沟通，真正地解决孩子的问题。

第二，沟通有目标。和班主任的沟通如果没有目标，那么沟通效率也会大打折扣。在和班主任沟通的时候，家长不能完完全全地成为一个听众，要积极地参与到和班主任的互动中去，提出自己的看法和意见，有针对性、有目的性地和班主任沟通。沟通时要知道自己想谈什么，想解决什么问题，不要总是在班主任面前数落孩子，以免班主任对孩子产生不好的印象。

第三，出现问题主动沟通。家庭和学校的教育立场保持一致，对孩子更好。发现孩子出现问题的时候，家长应该主动和班主任联系，帮助孩子排除干扰。

话术建议

1. 主动介绍自己

“老师，您好。我叫李明，是李小英的爸爸。”

“老师，您好。我是刘静的妈妈，很高兴您能带刘静的班级。”

初次加上班主任的微信后，不要一上来就问班主任自己孩子如何，打完招呼之后应该向班主任做一下自我介绍，简单介绍一下自己和孩子的名字等等，再和班主任沟通。同时，还可以询问班主任的姓名。

2. 直入主题

“老师，我刚出差回来，想问问这段时间孩子的学习情况。”

“老师，孩子自从昨天回来就蔫头耷脑的，他是不是和同学吵架了？”

“老师，孩子写作业特别慢，您看有什么好办法吗？”

给班主任发微信或是打电话时，语言要尽量简洁，省去那些不必要的寒暄，直奔主题才能更节省双方的时间。比如，询问孩子的学习情况、课堂表现、与同学的关系、需要改进的地方等等。

3. 把“你”换成“我”

“老师，我担心孩子上课走神，您可不可以多关注下他？”

“老师，我害怕孩子每次操场活动都玩疯了，能不能麻烦您叮嘱下他？”

在给班主任提意见或是拜托班主任的时候，不要说“你应该”，而是把“你”开头的句子换成“我”开头，效果会好很多，而且能够避免让话语充满火药味，减少很多冲突的发生。

如何高情商回复班主任在群里发的消息

情景再现

班主任会在班级群里面布置作业，及时向家长传达孩子在学校的信息等等。除非班主任明确要求不需要回复，其他情况下都需要家长进行回复。

场景回放

珊珊的班主任在群里布置完作业随即留言：

请各位家长看到后回复。

收到。

收到。

老师辛苦了。

珊珊的爸爸一看，就很不屑地撇了撇嘴：

这帮人就知道拍马屁，这有什么可回的，看见了不就得了嘛。

说完，他就把手机扔到一边，也不回复。

有人认为在群里回复班主任有讨好、拍马屁的嫌疑，所以班主任在群里的任何消息都不会回复。其实，在群里适当地回复班主任还是很有必要的。而且，回复班主任的方式也是有一定技巧的。

回复是一种礼貌行为

日常生活中，我们与别人谈论事情，与孩子讲道理的时候，都会希望有所反馈，哪怕只是一个眼神、一个表情。这代表着一个人的基本礼貌和礼仪。同样，日常工作中，领导在微信群里发布通知时，员工也都会进行回复。因为事关工作，管理者希望每个员工都能准确地收到通知。而员工收到通知后回复也很重要，除了礼貌之外，也是应有的工作态度。给班主任的回应，无论是“收到”还是其他的表情符号，都代表着自己已经接收到了班主任的信息。

对于在群内接龙回应班主任，有的家长觉得很反感，有的家长则不会接龙。这可能是这些家长因为觉得不回复也没什么。有的家长用错误的方式回复，也会造成不必要的误解和麻烦。

有的家长不回复，可能是因为比较自我。他们会用自己的标准去衡量别人，比如他们本身就不太在乎礼仪，对礼仪的重视也不够，对于在群里的回复就会觉得是多此一举的行为。他们可能并无恶意，只是纯粹地不理解而已。特别是当下的一些家长自身就是独生子女，会更自我一些，不会刻意地模仿和跟随别人，觉得这会给人一种“拾人牙慧”的感觉。

有的家长不回复，可能是因为性格不太主动。有的人不会太主动地去做一件需要展现自己的事情，需要做之前他们会很犹豫。不过如果有人做了，他们可能也会跟着做。

还有的家长觉得家长说“谢谢老师”之类的话，是一种谄媚的表现，是在急于向班主任表现自己，拍班主任的马屁，所以不愿意回复，看到别的家长这么回复也会很有意见。

少说一些客气话

在回复班主任的时候，家长不必过于客气，可以随意一点。有的家长不管班主任发了什么消息，哪怕是发作业或其他通知，都一律要加上“老师辛苦”“谢谢老师”之类的话，这样做其实有些过头了。

家长想要表达对班主任的尊敬和感激之情，这是可以理解的，但是完全没必要频繁地说这些话，这样只会适得其反。班主任也不希望家长在群里说类似的话。偶尔说一两次也许无伤大雅，如果总是说会显得班主任很享受，容易被其他的家长误会。

表达对班主任的肯定

家长在回复班主任的时候，可以多多表示对班主任工作的肯定和支持。因为班主任的工作最需要的，并不是家长的赞美，而是家长的支持与配合。在回复班主任的时候体现出这一点，可以激励班主任在工作中不断前进，更好地服务于学生。

话术建议

1. 回复通知，简洁明了

“收到。”

班主任在班级群里发送作业或通知等消息时，如果没有明确要求不必回复，家长可以简洁明了地回复“收到”即可，并不需要回复太多。否则，容易屏蔽掉班主任发出的信息，影响其他家长看到消息。如果有意见和想法，可以和班主任私下沟通。

2. 回复表扬，表达感谢

“感谢老师的表扬，孩子有这样的进步离不开您的悉心指导。”

“谢谢老师的祝福，孩子最近学习很努力，我们会继续鼓励他的。”

“非常感谢老师对孩子的认可，我们希望他能继续保持积极的学习态度。”

“感谢老师，我们会和孩子一起努力，争取更大的进步。”

当班主任在群里表扬自己的孩子时，回复方式有以下几种，家长可以根据具体情况选择一种或几种结合在一起来回复班主任：

第一，表达感谢，尤其是孩子的成绩与班主任有关时，要肯定班主任的辛勤工作；

第二，肯定孩子的努力和优点，可以结合具体的事例；

第三，表达对孩子今后的期望；

第四，表示对班主任和学校工作的配合；

第五，表达班主任的鼓励对孩子很重要；

第六，表示会和孩子一起努力，争取更大的进步。

3. 回复批评，表示配合

“对不起，老师。孩子说他上课有点听不懂，我们还在想办法。”

“我们会配合老师的工作，努力引导孩子，减少您的负担。”

“麻烦老师多给孩子一些时间，谢谢您对孩子的耐心和爱心。”

当班主任在班级群里批评孩子的时候，家长不要因为觉得没面子而生气，影响了回复，不妨先聆听班主任陈述了哪些事实，比如孩子没写作业、没认真听讲、考试不及格等等。在回复的时候，可以私下和班主任沟通，告诉班主任孩子遇到了哪些困难和障碍、是否有努力，和过去相比孩子是否有了进步等等。同时，还要向班主任表示会配合班主任的工作，感谢班主任对孩子的教育。

哪些事情，不适宜在群里沟通

情景再现

班主任会把班级里所有学生的家长都拉进同一个群里，为的是能让沟通更加顺畅、更加方便，但是，家长在群里发言时也要注意，有些事情并不适合在群里说。

场景回放

洛洛放学回到家后跟妈妈说，今天同桌青青把她的铅笔拿走了没有还给她。妈妈当即就在班级群里质问青青的妈妈：

青青妈妈，你们家青青为什么欺负洛洛？还把洛洛的铅笔抢走？

没过一会儿，青青妈妈就发消息说：

我问了孩子，他只是借了洛洛的笔忘记还了，哪有欺负她？你可别诬陷我们孩子。

两个人在群里吵了几句，还好班主任看到后及时出来制止了她们。班主任说：

场景回放

两位妈妈，群里有很多家长，有关孩子的私事，你们可以和我私聊，就不要发在群里了，免得影响大家。

这样，群里才彻底安静了下来。

班级群是班主任和家长沟通的桥梁。虽然大家不是面对面地交流，但是每个群就像一个小社会一样。家长在面对班级群时态度也要谨慎，不要在群里面发布不合适的信息，做不合适的事情，以免引起班主任的厌烦，遭到其他家长的反感。

避免给班主任提意见

有的孩子写作业写到很晚，家长不分青红皂白，直接就拿起手机在班级群里质问班主任，为什么要留这么多作业给孩子？导致孩子到现在还没写完。家长只顾着发泄情绪，却丝毫没顾及班主任是否已经休息了，看到班主任没回复，有些家长甚至会继续连着发许多条很长的信息和语音。

作为孩子的教育者，家长一定要给予班主任足够的尊重，尽量不要在班级群里给班主任提意见，可以和班主任私下沟通。即便不认同班主任的做法，家长也尽量不要在群里那么多人面前公然质疑班主任，这会让班主任下不来台，影响了班主任的权威性，对于孩子今后的学习也会造成影响。

避免和其他家长吵架

两个男孩在学校玩时互相推搡了几下。有个男孩摔倒在地，胳膊上流了点血。两个人谁都没告诉班主任。可是，男孩胳膊上的伤还是被妈妈发现了。妈妈立刻就在班级群里要求对方男孩的妈妈立刻道歉。可对方男孩的妈妈也不是好惹的，两个人在群里面开始对骂。班主任一气之下把这两个吵架的妈妈都踢出了群。

孩子之间可能会出现各种矛盾，像语言上的争吵，肢体上的打闹等等。这类矛盾完全可以私下去找班主任和学校调解和解决。在班级群里声讨或挑衅对方家长，双方在群里面互撕，你一言我一语，由谩骂发展到诅咒，这样做无益于矛盾的解决，反而让大家看了笑话。就算自己有理，最后也会显得没理。

避免炫耀

有的家长喜欢在班级群里面晒自己的孩子，比如孩子的成绩不错，家长就会把孩子的成绩发到群里面；孩子取得了荣誉，家长就把各种奖状发到群里；孩子学古诗、读书、写作业，家长都会发到群里，让大家看看。

家长觉得自己孩子聪明厉害，忍不住想要分享，这没有错。可是，这样做容易给人一种炫耀的感觉。别的家长要么不服输，也会跟风地发，要么在对比之下感觉自己孩子不行，“自惭形秽”之下产生了怨言。

避免聊孩子的个人情况

很多家长都希望能了解自己孩子在学校里的动态。有了微信，家长联系班主任确实更方便了，但是，有些家长在和班主任沟通时都喜欢在群里面和班主任聊天，交流的不只是一两句，而是很多内容。其实，大多数班主任并不愿意和家长在群里面聊孩子的情况，因为孩子的动态属于个人隐私，在群里面聊是对孩子的不尊重。

有些家长想要给孩子换座位，或是想要求班主任对孩子进行特殊照顾，这些问题最好是和班主任私聊或者和班主任当面沟通。否则，让别的家长看到容易引起误会或是跟风，班主任反倒不好解决了。

话术建议

1. 和班主任约好交流的时间

“老师，您好。孩子学习的问题，我想和您聊两句，不知道您现在有没有空？”

“老师，我家孩子最近的情绪不太好，我想明天和您当面说说，您看可以吗？”

班主任一般工作都比较多，时间上比较忙。家长如果想和班主任私聊，可以事先在微信上问一下班主任，现在或某个时间有没有空，是否方便和家长聊几句。如果想约班主任见面沟通的话，家长可以提前在微信上和班主任预约一个双方都方便的时间。

2. 委婉地提出意见

“老师，孩子的作业太多了，能不能留一部分明天写？”

“老师，您昨天发的班规，我有个地方不太理解。”

“老师，关于公布成绩，我能提个建议吗？”

对于班主任布置的作业、制定的班规、传达的任务有任何异议时，家长可以和班主任私聊，表达自己的意见和建议。但是，在发送信息时需要注意语气和用词，避免让班主任误认为自己被“质问”，不利于双方的沟通。而且，班主任在解释的时候，不要随意打断。

3. 耐心地做好陈述

“老师，昨天小军和小杰打架，因为……小军的头都破了，请您帮我们解决一下。”

“老师，孩子前面的同学总是找他说话，您能不能帮我们沟通一下？”

在陈述想要解决的问题或反映情况的时候，家长要把事情的起因、经过、结果原原本本地告诉班主任，方便班主任进行判断。陈述的时候，要保持冷静和耐心，不要因为觉得自己孩子吃亏，就迫不及待地希望班主任“主持公道”。

教师节，怎么在群里送祝福

情景再现

在一些节日里，家长一般会对孩子的班主任表达感谢之情和祝福之意。最常见的方式，就是在群里发送祝福信息。

场景回放

教师节到了，明硕的妈妈看到班级群里的家长在给班主任发送祝福信息。她想也没想就复制了过来，直接发送了出去：

祝老师教师节快乐，身体健康，阖家幸福。

祝老师教师节快乐，身体健康，阖家幸福。

祝老师教师节快乐，身体健康，阖家幸福。

谢谢。

其他人也纷纷复制粘贴，只见群里面一片重复的消息，毫无心意。

除了教师节，春节、中秋节、国庆节之类的节日，家长也会向班主任发送祝福。但是，如果在发祝福时太过随意，祝福不仅不能达到效果，还会让班主任感到很反感。

避免“复制粘贴”式的祝福

平时，班主任在群里发布通知，需要家长回复。有的家长会直接复制粘贴前面的回复，即便前面的人打错字也不注意检查，自己发出去后，后面的家长不仔细看也会盲目跟风复制，弄出了不少尴尬的事情。同样，有的家长在班级群里面给班主任发送了祝福语。没过几秒，后面就会有家长陆续复制粘贴这句话，立刻就会在群里刷起屏来，就好像是机器人在发送祝福语一样。

家长们觉得这样“复制粘贴”地发送祝福既简单，又方便，但是在班主任眼里看来却是另一种感觉。班主任看到这种“复制粘贴”式的祝福，会觉得很随便，很单调，毫无新意，自然也就不会被感动。就像早年间，过春节时流行群发短信拜年，一开始大家还很新鲜，后来看腻了千篇一律的祝福短信，大家就渐渐地不再发送这种短信了。

这种复制粘贴的群发祝福信息，就像是一种情感绑架。看着密密麻麻，一模一样的祝福语，班主任只会感到很无奈，很心累，但是又不能多说什么。班主任其实更希望家长能够自己动手打字，而不是简单复制粘贴统一的话术。

班主任没有及时回复，不要过于在意

教师节的那天，一位妈妈在网络上发了一个帖子，说自己在节日来临之际，分别给大女儿和小女儿的班主任和任课老师都发了祝福的信息，但是得到的结果却各不相同。大女儿的三个老师在收到信息后，纷纷回复了。可是小女儿的班主任和任课老师却一点儿回应也没有。妈妈很生气，觉得小女儿特意录制了一段短视频当作祝福送给几位老师，这么有心意的祝福却没有受到重视。她甚至认为这几位老师的素质太差，做不到为人师表，不能教育学生。

在家长看来，自己真诚地送出了祝福，班主任无论多忙，都应该有所回应，最起码也要说一声“谢谢”，这是最基本的礼貌。何况，孩子出于感恩送上的祝福，自然期盼着班主任的回应。如果得不到回应，孩子肯定会很难过，家长不希望让孩子失望。家长这种心情当然可以理解，但班主任回复信息不及时，也是正常现象。家长不必过于在意，更没必要把事情上升到班主任的素质和能够为人师表的层面上去。

从班主任的角度来说，家长发送的信息，基本是要逐一回复的。不过，班主任大多有很多学生，有应届的，也有往届的，大家在节日这一天都会发来祝福，所以班主任可能会收到上百条信息。想要逐条回复无一疏漏，确实存在一定的难度。可能只是中间有事，班主任就会忘记回复。

班主任平时的工作很忙，放假在家时就想好好休息，多陪陪自己的孩子和家人。这也可能是班主任没有及时看手机和回复信息的原因。

还有一种可能，就是班主任已经在群里统一和发送祝福的家长说了“谢谢”。后续有家长私发祝福时，班主任一时之间没有发现。

在回复信息上面，家长有必要对班主任多一点理解，班主任未必是故意不回信息的。而且，既然是祝福，只要送出去就说明自己和孩子的心意已经到了，又何必在意非要得到班主任的一声“谢谢”呢？

避免在群里组织给班主任买礼物

有的家长想要在节日时给班主任送鲜花、买礼物以表心意，就在班级群里面组织别的家长一起购买。这样做不仅会引起其他人的不满，还会让班主任遭到误解。因为别人会误认为这其实是班主任的“要求”，本来是送祝福的好事，结果变成了坏事。

话术建议

1. 一对一发送

“王老师，感谢您对孩子的辛勤教育，祝您节日快乐！”

“您好，刘老师，祝您节日快乐！我是小丽的爸爸，未来还请您给孩子更多的指导和帮助。”

在给班主任发送祝福的时候，要做到一对一地发送，不要直接群发。家长可以在祝福信息中加上班主任的姓氏，这样显得更礼貌更亲切。

2. 让孩子向班主任送祝福

“王老师，小丽非常感谢您的帮助，她有几句祝福的话想和您说……”

“王老师，我们全家祝您节日快乐，阖家欢乐。下面是孩子想对您说的话……”

“刘老师，在这个属于您的节日里，孩子录了一段祝福视频送给您，祝您节日快乐！”

在送祝福时，想要有新意的话，家长可以让孩子自己组织语言向班主任送祝福，或者给孩子录制一段送祝福的视频，这些要比千篇一律的文字祝福显得更有新意，更能给班主任留下深刻的印象。

3. 收到回复后礼貌回应

“感谢您对孩子的付出，未来还请您多指教。”

“希望今后能和您保持沟通，共同促进孩子的全面发展。”

收到班主任的回复后，不要直接不理睬，就此忽略了。家长可以回复班主任一个表情包，或是一句话，这样显得更有礼貌更得体。

Part 9

家校双向奔赴，收好四个沟通“锦囊”

沟通对于教育有很重要的意义。多一份沟通，就能够多一份理解和包容；多一份沟通，就能够多一份合作和共赢。

表达信任，相信班主任的初衷是为了孩子好

情景再现

家长和班主任的沟通是一门很重要的课题。想要做到有效沟通，就需要以信任为基石。如果没有信任，家长和班主任就无法进行合作。

场景回放

妈妈去学校接军军放学，但是时间过去很久，都没见到军军出来。妈妈找到班主任才知道，原来是军军乱扔垃圾，班主任让他把垃圾扫干净再走。妈妈看到军军挥舞着笤帚，于心不忍，就跟班主任说：

要不我来替孩子扫吧。

班主任拒绝了。妈妈很生气，对班主任说：

孩子还小，您为难他干吗？

军军妈妈，我这样做不是为难他。我是希望他能意识到自己的错误，以后不会再乱扔垃圾。

可无论班主任怎么解释，妈妈都觉得是因为军军调皮，所以班主任不喜欢他。

每个人都不喜欢被怀疑。班主任也是如此。但是，在面对班主任时，很多家长还是忍不住要去怀疑，然后想尽一切办法去验证自己的观点，这才是影响双方关系的本质因素。

发自内心地信任班主任

很多家长对班主任有质疑，又不愿意进行沟通，结果弄得彼此之间的关系如履薄冰。关键是，家长会把这种质疑的情绪传染给孩子。当孩子也对班主任产生怀疑时，可能会导致孩子和班主任的关系变得疏远。

在本质上，教育是一种专业活动。班主任是专业的教育工作者，家长要尊重班主任的专业性，也要相信班主任在教育教学中的专业知识和专业技能。虽然现在很多家长都在不断地学习教育的知识，并且在教育孩子上面具有一定的心得，可是家长不应该因为自己有一定的教育经验，认为自己的教育观念正确，就随意地干涉班主任的教学工作，甚至质疑班主任的人品。

作为成年人，家长对于班主任的工作应该进行客观的评价。如果想要沟通，就应该从相信“班主任会教育好孩子”“班主任能照顾好孩子”的角度出发，去和班主任沟通。在孩子的学习和教育上和班主任有不同看法时，家长要秉承着信任的原则去沟通，寻找双方的共同点，求同存异，才能达到想要的沟通效果。

积极支持班主任的工作

班主任的工作需要家长的积极参与和支持。支持班主任的工作，不仅可以增进家庭和学校的合作，还可以让班主任感受到家长的信任和诚意。家庭和学校保持一致，孩子才不会感到无所适从，能够更好地学习和成长。

有时候，家长可能觉得班主任布置的任务是多此一举、劳心费力的，但实际上，班主任一般不会布置没有意义的任务。与其一味地抵制，让孩子也心生不满，家长不如试着领会班主任布置任务的意图和含义，和孩子一起欣然接受，相信完成任务之后，孩子肯定会有收获。

不断向班主任表达信任

除了用行动表示自己的信任和支持外，家长还需要不断地向班主任表达信任。家长的表达，既能让班主任感受到家长的诚意和决心，还能让班主任更有信心地去面对接下来的教学工作。不断地表达自己的信任和支持，也代表着家长的一种期待。这种正向的期待，也是一种温暖和鼓励，能够促进双方的关系变得更和谐。

有问题先找班主任解决

有的家长在孩子的问题上很急躁，在解决问题时难免情绪化，比如不了解实际情况就冲动地直接到学校去训斥别的孩子。这样做看似是爱孩子，实际上很可能会导致其他孩子不愿意再接近孩子，变相地让孩子被孤立了。有的家长会贸然地去找对方的家长问责，结果反而容易引起矛盾。

当孩子在学校和同学发生矛盾时，家长首先需要找班主任了解情况。因为想要解决问题，离不开班主任的协调。即使家长会觉得班主任不公正，也可以找学校相关领导反映情况。

包容班主任的无心之失

有的家长看到孩子出了问题，第一时间就质问班主任；或是听到孩子的抱怨，就觉得自己孩子被忽视或者亏待。这样的家长很难受到学校的欢迎，也很难和班主任有效地沟通。

班主任要同时带很多孩子，还要进行教学活动，可能偶尔会有疏忽的时候。如果不是主观故意，家长对此不妨报以包容的心态。双方坦诚地交流，问题才能更好的解决。

话术建议

1. 表达自己和孩子的信任

“我们全家相信您一定能把孩子培养好。”

“谢谢您对孩子这么上心，这都是我们应该做的。”

“孩子特别相信您，有了您的鼓励，他肯定更有自信。”

班主任不仅希望能得到家长的信任，还希望能够被孩子信任。家长可以向班主任表达出自己和孩子的信任，相信班主任会很受用。

2. 表明支持的态度

“如果学校有什么要求我们做的，您一定要告诉我们，我们一定全力配合。”

“我想您不会平白无故地给孩子布置任务，我们会支持您的。”

家长向班主任表明自己支持的态度，会让班主任感觉工作更好展开，心里会更加欣慰。当班主任觉得家长都很支持自己时，对孩子也会愿意多加关照。

3. 客观公正地看待孩子的问题

“老师，小孩子都容易冲动，你对他的批评很中肯，我们会注意的。”

“刚才听了您的讲述，看来这件事孩子也有责任，感谢您公平地处理。”

在和班主任沟通时，家长要放下偏见，客观公正地看待孩子的问题，不要一味地为孩子辩解，不要回避班主任的批评，要根据班主任陈述的事实进行评判。

尊重理解，客客气气大大方方

情景再现

有的父母会注重和班主任说话时的语气和态度，也有的父母不太注意。他们和班主任说话的语气很生硬，从不顾及班主任的感受，让班主任感到自己没有受到尊重。

场景回放

娇娇平时备受家里的宠爱，任何家务都不做，导致她在班里做卫生时很不认真。

开家长会时，班主任和娇娇的妈妈说：

娇娇妈妈，娇娇做卫生时不太认真。和她一起值日的同学要帮她做很多事情，同学们对她的意见不小。希望您能和她说一说，让她注意一下。

可是，妈妈却不认为这是多大的事情，反而认为老师和同学在刁难娇娇，她说：

学生学习好就够了，卫生做得好有什么用？这样，您要是觉得她做得不好，以后我过来帮她干。

尊师重道是中华民族的传统美德，老师的地位很崇高。作为经常和孩子接触的老师，家长对于班主任，可以表达敬意，但是不要过度。尊重和理解班主任才是家长最应该做到的事情。

为什么要尊重班主任

学校是孩子接受教育、获得知识的主要场所。学校教育具有不可替代性，从这一点看，家长是不能够代替班主任的。所以，对于班主任的工作，家长必须支持。在班主任有失误的时候，家长也不要轻易地指责。这样才能帮助班主任在孩子心目中树立起良好的形象，引导孩子尊重班主任。

如何尊重和理解班主任

尊重班主任的第一步，也是最重要的一点，就是认可班主任身份的重要性。家长需要充分认识到，班主任是孩子成长路上很重要的领路人。班主任传道授业解惑，教给孩子知识，鞭策孩子进步，引导孩子走上正途。认可这一点，才能从心里愿意去尊重班主任。除了内心的认可，家长还要在言行上尊重班主任。保持礼貌，说一句“老师好”是基本的尊重。在和班主任交流时，家长要懂得倾听，听班主任讲述孩子的问题，要去理解背后的原因和班主任的担忧。这种倾听，会让班主任感受到被尊重和理解，为后面的合作打下良好的基础。

家长还需要尝试站在班主任的角度去思考问题。当家长从班主任那里得到一个不怎么满意的回复时，可以换位思考，假如自己去做班主任，是不是就一定能够做得更好？家长在家里面对一两个孩子的时候也未必能够做到事事公平，更何况是班主任？这样一想就能够加深双方的理解，家长能够更理解班主任的不容易，支持班主任的决定。

班主任是人不是神，和很多人一样有缺点，也会犯错误，既有情绪的波动，也有喜好和厌恶。他们每天要面对很多的学生，解决很多问题，做很多琐碎的工作，很可能会发生误解和处理不当的情况。家长和孩子都要学会接纳这一点。如果孩子感到委屈，家长可以主动和班主任反映情况，说出自己的想法，但前提是要尊重班主任。

话术建议

1. 称呼 + 问候语

“班主任，您好！”

“王老师，您好！”

无论是在微信上和班主任私聊，还是在学校和班主任见面等，家长一上来都要先和班主任打招呼，用称呼加上问候语，这样才不会失礼。

2. 建设性地提出想法和建议

“孩子没有午睡习惯，我担心他下午会困，麻烦老师中午尽量引导他一下。”

“孩子还是不太习惯学校的生活，请您对孩子多一点包容。”

“孩子胆子有点小，您能不能多引导他举手回答下问题？”

班主任不可能无条件地服从家长的意愿。在提出期望时，家长应该选择合适的时机，以建设性的态度提出自己的想法和建议，而不是态度强硬地要求班主任达到自己的要求。

重点突出，言简意赅不啰唆

情景再现

家长都免不了要和班主任沟通。很多家长在跟班主任沟通的时候，都存在着没有重点或是没有明确沟通范围的问题，导致了沟通无效，浪费家长和班主任的时间。

场景回放

学期结束，妈妈去给晨晨开家长会。家长会结束后，很多家长都围着班主任，想问些问题。晨晨妈妈等了好一会儿，才轮到自己。她问班主任：

王老师，晨晨最近表现怎么样啊？

还行，挺好的。

晨晨妈妈又说起晨晨身上的毛病：

这孩子太马虎，简单的题总是算错。都告诉他好几次了，他下次写还是错，真是把我们气够呛。您说这可怎么办啊？

毛病要一点一点地改，您别太着急了。

场景回放

晨晨妈妈絮絮叨叨的话让后面的家长很不耐烦，有的家长直接就过来跟班主任聊了起来。晨晨妈妈才想起来她主要想沟通内容还没说完，只能在一边继续等着。

家长和班主任沟通的目的，是建立一种必要、惯性的联系。家长需要通过班主任去了解孩子在学校的动态，发现并解决问题，给孩子的成长提供更好的支持。这就需要家长在和班主任沟通时突出重点，有针对性地提问。

沟通前要准备

班主任时间有限，能分配给每位家长的时间并不多，所以家长要珍惜机会，注重效果。在和班主任沟通之前，家长需要提前做好准备，明确沟通的目标和内容。这需要家长事先和孩子有充分的交流，了解孩子在学校的学习、生活、社交等方面的情况，以及班主任的风格和背景。对这些情况都有了全面客观的把握，家长才能带着问题去和班主任交流。

如果不提前掌握好孩子的实际情况，家长就这样没头没脑地去学校，然后抓着班主任啰啰唆唆说个没完，班主任也会受不了，最后对这样的家长避之不及。而且，班主任可能要同时接待好几位家长，遇到这样说话的家长，其他家长也会很反感，觉得耽误了自己的时间。

有些家长在问班主任问题的时候，根本没有清晰的目标。他们只是觉得和班主任多沟通总是好事，沟通了就能对自己孩子有帮助。其实，漫无目的的沟通，只不过是一种心理安慰罢了。这样的沟通再多，对孩子也没有多大的帮助。

想要明确自己提问想达到的目标，家长需要知道孩子在哪些方面存在什么问题和困难，在尝试分析后找找原因，再想办法去解决。如果尝试后没有好的效果或是拿不定主意，家长可以来向班主任请教。班主任一般都会给予帮助。

提问题要具体

很多家长见到班主任，总是会习惯性地一上来就问：“我们家孩子最近在学校表现得怎么样呀？”这样的问题其实和废话差不多，因为问得太过笼统。班主任对这种问题不知道怎么回答，因为问题太大了，几句话说不清楚，但是又不能不回答，所以他们通常只会回复“还不错，还可以”或是“还行，挺好的”之类的话。结果，家长根本就不能从这类答复里面了解到孩子在学校里的情况，得不到有用的答案。而且，这样和班主任的聊天也很可能没办法继续下去了。

想要提问的话，家长需要让问题变得具体。提出一个有重点的问题，这样班主任就有了回答的重点。家长提出有重点的问题，还能让班主任觉得家长很关心、很了解孩子。当班主任觉得家长对孩子的事情很上心的时候，才愿意把孩子平时的表现说出来，家长就能得到想要的答案了。

通常这种情况下，班主任在说完孩子的情况后，还会给家长一些有建设性的建议。家长的问题就有了明确、可行性的答案，知道后面该如何去解决问题了。

沟通时有方向

有关于孩子的问题，可以分为三类：一是学习能力，二是学校表现，三是人际交往。

学习能力方面包括孩子的学习习惯、学习方法和计划等等。家长可以向班主任了解孩子在学校是如何学习的，在课堂上表现如何，还可以把孩子在家里学习的情况分享给班主任，可以向班主任请教适合孩子的学习方法，也可以请教如何提高孩子的学习效率以及如何制定学习计划。

学校表现方面包括孩子的近况和行为、习惯等。家长可以向班主任了解孩子在学校里的状态和情绪变化，关心孩子的日常行为表现，和班主任探讨一下如何培养孩子良好的行为和习惯。

人际交往方面包括孩子在学校的人际交往和交友情况。家长可以向班主任了解孩子在班级里和同学们的关系如何，是否有矛盾等等。

话术建议

1. 提出期望和要求

“老师，我家孩子自信心不够，麻烦您多多鼓励，多多费心，增加孩子的自信心。”

“老师，孩子不太会记笔记，请您抽时间教一下他好吗？”

家长和班主任沟通时，应该主动、明确地提出自己的期望和要求。这样一来，班主任也会更加明确家长的期待，还能够更好地了解孩子的需求，给孩子提供更多的关心和支持，更有针对性地教育孩子。

2. 有针对性地提问

“老师，我家孩子上课举手积极吗？回答问题多吗？”

“老师，我孩子跟同学的关系怎么样啊？”

“老师，孩子比较好动，他上课能遵守纪律吗？”

家长有针对性地提问，班主任可以给出相对具体的回答。如果觉得班主任的反馈不符合预期，家长可以接着询问，以求得有效的指导。

3. 问孩子有哪些需要改进的地方

“老师，孩子成绩一般，您觉得我们可以在哪些方面下功夫？”

“老师，您看孩子学习上还有哪些方面需要改进？”

当家长这样问的时候，班主任一般都会认真地思考一下，然后具体提出孩子的缺点和不足。家长知道以后就能够帮助孩子改进了。

定期沟通，最大的失败是不沟通

情景再现

有的家长不习惯主动和班主任打交道，只要孩子在学校没什么事情，他们可以一年不去学校。平时他们也不给班主任打电话、发信息。

场景回放

小峰去年开始上小学了。班主任几乎没怎么见过小峰的爸爸，爸爸也很少和班主任联系。他偶尔会来学校给小峰开家长会，但是开完会他就走。班主任想和他聊两句的机会都没有。后来，班主任终于有机会和小峰爸爸说上话：

您看这都快一个学期了，我好像都没和您聊过呢。

小峰爸爸不好意思地说：

老师，我可没有不愿意和您聊的意思。我是实在不知道该和您说什么呀。

不少家长会经常和孩子的班主任保持联系，但是也有一些家长几乎从来不联系班主任。其实，和班主任保持定期的沟通是一件十分必要的事情。

家长和班主任沟通的重要性

家长和班主任之间的沟通能够让双方都全面了解孩子的情况。通过沟通，家长能够了解孩子在学校的表现、学习状态、社交情况等，而班主任也能够从家长那里获知孩子的家庭背景、性格特点、在家庭和社会中的表现和情况等等，更全面地认识孩子。当孩子面临诸如学习困难和情绪波动等问题时，家长和班主任通过沟通能够快速发现并解决这些问题。

家长和班主任进行沟通，有助于双方对孩子进行教育。通过沟通，家长和班主任可以明确孩子的发展目标，在孩子的教育方向上形成统一的方向。双方还可以针对孩子的情况制定个性化的教育计划，促进孩子更好地发展。

家长和班主任的沟通，能够增强双方的信任。经常进行沟通可以增进家长和班主任的互相理解和信任，减少误解和冲突的发生，还有助于双方进行紧密的合作，为孩子提供更全面、有效的支持和帮助。

家长不愿意和班主任沟通的原因

一是认为孩子教给班主任很放心。有些家长出于好心，觉得把孩子教给班主任后应该放心，不想因为自己瞎操心给班主任和学校添乱。有的家长则出于推卸责任的心理，觉得孩子交给班主任教育，自己就不需要管了。

二是担心打扰班主任。有些家长总是担心自己找班主任，会打扰到对方，连带着让班主任对孩子产生不好的印象，所以总是不好意思去找班主任。

三是自卑。有些家长认为自己的文化水平不高，觉得可能没法和班主任搭话，担心自己和班主任接触以后，会让孩子被看不起，所以很少找班主任沟通。

四是害怕引起误解。有些家长担心自己经常去找班主任，被别人看到以后会让人产生误解，觉得自己想和班主任“套近乎”或是想送礼。为了不影响孩子和班主任的名誉，他们会刻意减少和班主任的交流。

家长和班主任沟通的时机和方式

如果孩子在非毕业班时，家长每个学期和班主任沟通面谈两到三次就可以了。孩子在毕业班时，家长可以增加和班主任面谈的次数，比如每次月考后及时向班主任了解孩子的学习情况，及时和班主任商讨提高成绩的对策等等。家长与班主任电话和微信交流的次数，可以视情况而定，比如孩子小测验成绩下降、和同学发生矛盾、孩子不稳定等，家长应及时和班主任取得联系。

现在沟通的方式多种多样。有的家长工作繁忙，可能没有多少机会能够去学校和班主任面谈，但是除了面谈之外，还有电话、微信、家访等等沟通方式。家长可以采用自己擅长的方式构建沟通的渠道去和班主任沟通。

如果家长语言表达能力较好，可以和班主任进行电话沟通，在电话里言辞恳切地和班主任商量解决问题。如果家长善于文字表达，文字能够直击人心，则可以通过微信、短信等方式表达自己的诉求。当班主任进行家访时，家长可以和班主任进行面对面的交流，这样更直接、更快捷，方便班主任深入了解孩子的情况、家庭环境和自己的家庭教育理念。

但是，无论采取哪种沟通方式都需要注意，在沟通孩子个人的问题时要以私下沟通为主，不要在班级群里发表不当言论，尽量不要随意地“越级”沟通。直接和班主任沟通是最能达到沟通目的的。如果把简单的沟通变得复杂，就会增加班主任的压力，不利于产生良好的沟通效果。

话术建议

1. 开学后和班主任沟通

“你是张老师吧？您好，我是小明的爸爸。”

“老师，我想和您商量下怎么提高孩子的数学成绩。”

孩子刚入学、转学后，家长最好尽早和班主任见一面，交流一下，做到彼此熟悉和了解。孩子开学后的两个星期之内，家长可以和班主任一起帮助孩子制定本学期的学习计划和学习目标。

2. 大考前一个月和班主任沟通

“快期中考试了，想让孩子提高成绩的话，您觉得我们该怎么做呢？”

“快期末考试了，孩子想多考20分，您有什么建议吗？”

孩子即将面临期中考试和期末考试时，家长可以去学校和班主任一起针对孩子的学习情况，制订出适合孩子的复习计划。

3. 大考之后和班主任沟通

“孩子这次英语没考好，我看主要是单词没背好，您觉得呢？”

“这次考试比上次低了10分，他平时挺努力的，怎么会这样呢？”

“他这次语文考了90分，比上次好多了，您看怎么才能巩固提高呢？”

考试后，孩子的成绩有起伏或是情绪不稳定时，家长要及时和班主任进行沟通。孩子的成绩下降或提高都需要沟通，弄清楚原因才能方便为后面的学习做好铺垫。

内 容 提 要

本书从家访、被告状、家长会、了解孩子在校情况等诸多生活场景入手，旨在指导学生及家长如何有效地与班主任建立沟通桥梁。书中详细列举了与班主任沟通的话术及技巧，内容十分接地气，既有启发性又有操作性，让家长和班主任的每一次交流都充满价值，实现家校共育的最佳效果，为孩子营造良好的成长环境。

图书在版编目（CIP）数据

怎样和班主任有效沟通 / 张霞著.-- 北京:航空工业出版社，2024.11.--ISBN 978-7-5165-3872-2

I. G459；G78

中国国家版本馆CIP数据核字第2024L03S46号

航空工业出版社出版发行
（北京市朝阳区京顺路 5 号曙光大厦 C 座四层 100028）
发行部电话：010-85672688 010-85672689

艺堂印刷（天津）有限公司印刷　　全国各地新华书店经售
2024 年 11 月第 1 版　　2024 年 11 月第 1 次印刷
开本：710 × 1000 1/16　　字数：195 千字
印张：11.5　　定价：49.80 元

青蓝